무니키친의 저탄고지 다이어트 레시피

Copyright © 2020 by Vega Books, Co.
ⓒ 무니키친. All Rights Reserved.
ⓒ SANDBOX. All Rights Reserved.

본 상품은 ㈜샌드박스네트워크와의 정식 라이선스 계약에 의해
베가북스에서 제작, 판매하므로 무단 복제 및 전재를 금합니다.
이 책 내용의 전부 또는 일부를 이용하려면 반드시 베가북스의 서면동의를 받아야 합니다.

- **006** 프롤로그
- **010** 무니키친 님, 궁금해요!
- **016** 저탄고지, 어렵지 않아요!
  - 지방의 진실
  - 천연 감미료를 알아봐요
  - 밑재료 손질
  - 자주 쓰는 재료 보관법이에요
  - 무니키친's 레시피 가이드

CASE 0
소스와 밑반찬의 감칠맛, 놓치지 않을 거예요!

- **036** 만능 간장
- **039** 저탄수화물 고추장
- **042** 만능 양념장
- **044** 만능 토마토 소스
- **047** 무설탕 딸기잼
- **050** 사워크림 1, 2
- **054** 생강 초절임
- **056** 토마토 절임
- **058** 코울슬로(양배추 샐러드)
- **060** 사우어크라우트(양배추 절임)
- **063** 채소 육수

CASE 1
키토식이라도 탄수화물이 먹고 싶어요!

- **066** 곤약밥
- **069** 버섯 리소토
- **072** 오니기라즈
- **075** 밥 3스푼 김밥
- **077** 밥 없는 김치 치즈 김밥
- **080** 콜리플라워 라이스
- **082** 달걀볶음밥
- **085** 삼겹살 김치볶음밥
- **088** 마파두부 덮밥
- **090** 비프 크림 리소토
- **092** 토마토 리소토 그라탕
- **094** 맥앤치즈
- **096** 콜리플라워 도우 루꼴라 피자
- **098** 그린 커리
- **100** 봉골레 파스타
- **103** 길거리 토스트
- **106** 언위치 샌드위치
- **108** 단백질 팬케이크
- **110** 비빔국수
- **112** 떡볶이

CASE 2 다이어터지만, 그럴싸한 한 끼 식사를 하고 싶어요!

CASE 3 하루 한 번 간식도 먹고 싶어요!

- 116 초간단 굽네치킨
- 120 로스트 치킨
- 123 마늘 삼겹살
- 125 에그 머핀
- 128 파르미자냐(이탈리아 가정식 가지 요리)
- 130 샥슈카(에그인헬)
- 132 새우 감바스
- 135 소시지 토마토 스튜
- 138 사골국(with 설렁탕)
- 143 갈비탕
- 148 소고기 해장국
- 150 뼈해장국
- 152 순두부찌개
- 155 조림 닭
- 158 밀푀유나베
- 160 치즈 닭갈비
- 162 제육강정
- 164 바싹불고기
- 167 스텐팬 달걀말이
- 170 연어포케
- 172 브로콜리 치즈 수프
- 174 양송이 수프
- 176 베이컨 양배추 수프

- 180 단호박 에그슬럿
- 182 감동란
- 185 찜질방 달걀
- 187 마약 달걀
- 189 소치소치
- 192 홈메이드 그래놀라
- 194 홈메이드 그래놀라(바닐라 버전)
- 197 팻밤 초콜릿
- 200 3가지 맛 큐브 치즈
- 203 키토 요거트

CASE 4 나를 위한 키토 카페, 어떠세요?

- 208 원두 로스팅
- 210 핸드드립 커피
- 212 다이어트 아인슈페너
- 214 다이어트 모카 프라푸치노
- 217 다이어트 그린티 프라푸치노
- 220 베트남 에그 커피
- 223 방탄커피, 방탄커피(아이스)
- 226 키토 티라미수 라떼
- 229 키토 치즈폼 그린티
- 232 다이어트 딸기 크림 소다
- 234 무설탕 딸기라떼
- 237 다이어트 초코라떼
- 240 방탄코코아
- 242 꿀잠 밀크티
- 245 무설탕 모히토
- 248 타라토르(홈카페 요거트)
- 251 달고나 라떼
- 254 사과 식초 음료
- 255 히비스커스 티
- 256 청귤 워터
- 257 생강차

항상 뚱뚱했던 나

"빨간 돼지."
어릴 적 별명입니다.

별명에서 느껴지듯이 항상 홍조에, 몸무게는 비만 수준이었어요.
태어날 때부터 천식이 심해 운동은 꿈도 못 꾸면서 먹는 것은 좋아해 과자와 음료수를 늘 입에 달고 살았죠.
자존감은 낮았고 내성적인 성격에 친구들과 어울리기보다 혼자 노는 것을 좋아했습니다.

집에 혼자 있던 어느 날 엄마에게서 받은 전화 한 통….
"문정아, 엄마 당뇨래…."
저는 하늘이 무너지는 줄 알았습니다.
어릴 적 엄마는 제 세상의 전부였습니다.
항상 아프셨던 엄마, 엄마는 그래서 아프셨던 겁니다.
어린 나이에 당뇨병은 잘 알지도 못했고 마냥 무서웠어요.
엄마를 금방이라도 하늘나라로 데려갈 것 같았습니다.

그날 이후로 엄마가 읽으시던 당뇨에 관련된 책들을 보기 시작했습니다.
엄마 몰래 봤던 그 책들에는 잔인한 사진들이 너무나 많았고 (당뇨병 혼수 상태, 괴사증, 신부전증, 망막증 등) 저는 더욱 무서워졌습니다.

그렇게 어린 시절을 보내던 어느 날,
당뇨 검사를 해보자는 엄마의 제안에 처음 혈당 검사를 해봤어요.
아직도 그 수치가 슬로 비디오처럼 생생히 기억납니다.
"147ml/dl."
14세 사춘기 시절 그 수치는 제게 너무나 충격적이었습니다.

신경정신과에 가다

당뇨병에 걸린 것 같았고 갑자기 아프기 시작했습니다.
음식을 거부하기 시작했고 월경도 끊기고, 머리카락은 하나둘씩 빠져버려 머리통이 들여다보였습니다.
보다 못한 어머니가 신경정신과에 데리고 가셨고 '신경성 식욕 부진증' 진단을 받았습니다.

그때 당시 키 164cm에 68kg 정도의 몸무게가 39kg까지 빠졌습니다.
하지만 건강한 식이요법과 운동으로 빠진 살이 아니어서
살은 고무줄처럼 쭉쭉 늘어났으며 무기력증 등 부작용이 심했어요.

이와 같은 비정상적인 생활은 극도로 억제한 식욕이 폭발해 폭식증으로 바뀌었습니다.
숨어서 먹거나 음식을 허겁지겁 먹고 토하는 지경까지 이르렀어요..
90kg까지 급격하게 살이 쪘고 이때 생긴 튼살 자국과 울퉁불퉁한 셀룰라이트는 정상 체중인 지금까지 남아 있습니다.
이렇듯 **식욕을 참는 것은 더 큰 식욕**을 불러오는 걸 알게 됐습니다.

건강한 식단의 시작

20살 이후 운동과 식단을 병행하며 체중과 체지방은 보기 좋게 빠졌습니다.
식단은 주로 콩이 90%인 콩밥과 채소를 가득 넣은 비빔밥이었으며 친구들과의 모임에서도 고기와 쌈을 주로 먹었어요.
이때부터가 저탄수화물 식단의 시작이었습니다.
취업과 결혼, 임신, 출산을 거치며 식단을 지키기 어려울 때도 많았고
어쩔 수 없이 살이 쪘다 빠지기를 반복하다 보니 **지속적인 식단의 중요성**을 깨달았죠.

항상 디저트 가게를 지날 때마다 '내 음식이 아니다.'라고 식욕을 달래며 서글플 때가 많았고 식욕을 참다가 머핀 반 조각이라도 먹는 날은 머리가 아프고 천식이 올라와 종일 컨디션이 좋지 않았습니다.
어떤 날은 베이글 반 조각을 먹고 혈당이 떨어지지 않아 고생한 적도 있어요.
'고작 베이글 반 조각인데…'
그 후로 저는 베이글을 먹지 않습니다.

어머니를 통해 얻은 교훈

당뇨인 어머니는 망막증으로 시력이 거의 손실되었고 신장 투석까지 하게 된 환자, 장애인이십니다.
저탄고단 식단을 하던 제가 저탄고지를 하게 된 계기가 바로 어머니예요.
신장병 환자는 단백질을 소량 섭취하고 당뇨 환자는 탄수화물도 제한해야 합니다.
어릴 때부터 쉽게 살찌고 조금이라도 당류를 많이 섭취한 날은 천식으로 고생했던 과거가 떠올랐고 단백질과 탄수화물을 제한하는 식단을 해보기로 했습니다.
중단, 저탄, 고지 식단을 하며 빠지지 않았던 몸무게가 빠지고 피부도 좋아졌어요.
식단에 대한 가이드 라인이 생긴 것입니다.

'건강은 건강할 때 지키는 것이다.'
엄마를 보고 느낀 점이에요.
건강을 잃으면 잃을수록 먹을 수 있는 음식이 제한됩니다.
평소 먹던 건강한 식단의 재료도 몸이 망가지면 소화능력이 떨어져 먹을 수 없습니다.
'다이어트는 습관이다.'
대부분의 사람은 단기간에 많은 체중을 감량하기를 원합니다. 그래서 극도의 제한적인 식단을 하게 되고 이는 실패로 이어지기 쉬워요.
단기간의 급격한 체중 감량은 건강에 악영향을 줍니다. 다이어트는 고작 몇 달, 며칠 하는 게 아닙니다.

평생을 생각하고 천천히 하나씩 바꿔 나가면 자신과의 다이어트 게임에서 승자가 될 것입니다.

유튜브 무니키친에 대하여

당질 제한식, 저탄수화물 고지방 식단, 다이어트 식단, 건강한 아이밥과 간식 등 건강한 식재료를 이용한 레시피를 제공합니다.
1년 이내의 최신 건강 정보를 바탕으로 레시피를 작성해요.
특정 식단을 지향하거나 비판하지 않고 더 객관적인, 과학적인 근거를 들어 연구합니다.
보통 키토제닉 다이어트를 하는 분들은 '저칼로리 식단이 잘못되었다.'
자연 식물식 다이어트를 하시는 분들은 '카니보어 식단은 잘못되었다.'
이렇게 서로 비판하지만 다 충분한 근거가 있고 '무니키친'은 어느 한 식단을 기준으로 레시피를 제공하지 않습니다.
사람의 몸은 다 다르므로 선택은 본인이 하는 것입니다.

마지막으로...

세상을 주신 엄마 아프지 마세요. 사랑해요.
책 출판에 도움을 주신 많은 분들께 감사의 인사를 드립니다.

무니키친 님, 궁금해요!

무니키친 님의 이력이 궁금해요!

저는 금융회사에서 10년 이상 근무했어요.
근무를 하며 요리 관련 일을 많이 했죠.

키토제닉 식단을 하게 된 계기가 뭔가요?

어머니가 당뇨인이세요.
우연히 혈당 검사를 해봤는데 혈당이 높게 나왔어요.
그게 중학교 2학년 때였어요.
신경성 식욕 부진증, 거식증이 왔죠.

그때부터 저는 '나도 엄마만큼 아플 수 있겠구나.' 하는 불안감에 음식에 관한 공부를 많이 했고, 제게는 탄수화물(이하 탄수)이 맞지 않다는 것을 알게 됐어요.
저탄수 요리(더 나아가서는 키토제닉 식단)를 많이 연구하게 된 계기죠.

식단 공부 방법이 있나요?

어릴 때부터 당뇨인 어머니의 영향으로 책을 굉장히 많이 봤어요.
기사 같은 걸 많이 찾아보고(건강, 요리 분야만) 최신의 건강 관련 베스트셀러는 거의 다 본 거 같아요.

20년 이상 자료를 누적하고 '실제로 내 몸에 맞는 요리를 만들어나간 게' 저의 식단 공부 방법입니다.

> 오닝 루틴이 있나요?

수면은 건강한 다이어트에서 매우 중요하죠.
수분 섭취도 많이 중요해요.

아침에 일어나면 물을 꼭 마시고 책을 쓰거나 영상 편집을 하고
아이들 등원을 시켜요.
그리고 운동을 해요. 운동하지 않으면 허리가 너무 아프거든요.
간헐적 단식을 하고 있어서 12시 이전에는 거의 먹지를 않고요.
먹게 되더라도 커피 한 잔, 티 한 잔 정도가 전부예요.

> 가족들과의 식사 생활

아이들은 탄수를 먹어요.
많이 먹이려고 하진 않고요, 되도록 고기와 채소를 많이 먹이려고 하죠.

남편은 삶의 질에 대한 만족도를 탄수나 당으로 풀어요.
(서로의 삶은 존중해야죠.)

가족들과 식사를 하게 되면
저는 국과 달걀, 국과 아보카도 이런 식으로 먹고요.
다른 식구들은 밥하고 반찬, 일반적인 식단을 차려요.
외식을 할 때도 저는 채소와 고기 위주로 먹어요.

가족은 가족이고 저는 저이니까요.
각자가 자기 몸에 맞는 건강한 식단을 할 수 있도록 신경써서 요리를 만드는 편이에요.

> 감미료를 쓰는 기준이 있나요?

코코넛 슈가는 혈당을 올리기 때문에 저는 절대 먹지 않아요.
미네랄이 조금 더 많은 당류, 즉 미네랄이 함유된 설탕이라고 보시면 되고요.

자일리톨도 혈당을 올려서 저는 절대 먹지 않아요.
GI(혈당지수) 수치가 설탕이 70이라면 자일리톨은 7이에요.
설탕과 비교해서는 적게 오르고 칼로리도 있어요.
충치 예방 효과가 있어서 아이들에게 자일리톨 99% 사탕 한 조각 정도는 챙겨줍니다.

> 식단 부작용이 있나요?

저탄수 식단을 오랫동안 하다 보니까 사실 문제점이 여러 가지가 있었어요.
탄수를 조금만 먹어도 살이 더 찌는 체질로 바뀐 거예요.
원래 탄수를 먹으면 살이 잘 찌긴 했지만, 여행이나 모임 등으로 탄수를 먹게 된 날은 꼭 배가 나와요.
(배가 나오면 인슐린 저항성이 커지고 당뇨병이 더 잘 유발될 수 있죠.)

탄수식을 처음 하시는 분은 '탄수를 거의 안 먹어야 한다'고 생각하시는데 탄수를 매일 안 먹고 살 수가 없잖아요.
좋은 탄수화물 위주로 적당히 적게 먹으려 노력했죠.
지속적으로 식단을 이어나갈 수 있도록요.

한 가지 방법으로만 식단 관리를 오래 하면, 몸이 적응해서 살이 생각만큼 쉽게 빠지지 않게 될 수 있으니 주의해야 합니다.

저탄수 베이킹을 하게 된 계기가 있나요?

(이 책에서는 다루지 않지만) 저는 빵을 좋아해요!
설탕이 안 들어간 빵을 채소와 많이 곁들여 먹는 편이에요.
저는 빵을 먹으면 머리가 아프고 살이 확 찌기 때문에 아몬드 가루로 빵을 만들어 식욕을 대체합니다.
이 책에 나오는 레시피에도 다양한 '밀가루 대체물'들을 활용했어요.
무엇보다 제가 추구하는 식단은 '골고루 먹되 탄수를 적게 먹는 것'이기에
제가 베이킹한 빵과 다른 영양소를 많이 곁들여 먹는 편이에요.

제가 여러분에게 키토식 식단을 제시하지만 이게 꼭 정답은 아니에요.
제가 만든 레시피가 여러분에게 잘 맞고 여러분 자신에게 알맞은 요리가 될 수 있도록 레시피를 구성한 점을 말씀드리고 싶어요.

꼭 해봐야 하는 레시피가 있을까요?

만능 간장을 추천합니다.
제 아이들이 어리다 보니 매운 양념을 할 일이 별로 없어요.
매운 게 땡기면 레시피대로 만능 간장을 만든 후 고춧가루를 조금 넣으면 매운맛도 잘 낼 수 있어요.
다양한 요리에 활용할 수 있는 저탄수 저당분 소스로 만능 간장을 추천합니다.

> 자극적인 키토제닉 음식도 있나요?

마라탕, 선지 해장국, 닭발 등이 있어요.
이 책에는 다양한 맛을 내는 여러 레시피가 있습니다.
키토식은 정해진 영양소 내에서 골고루 식사하는 걸 권장하기 때문에 매콤하거나 내 입맛에 맞는 여러 음식을 먹을 수 있어요.

> 레시피 만드는 방법이 궁금해요!
>
> 저는 의식의 흐름대로 만드는 편이에요. 생각난 걸 토대로 조리해서 만들어요.
> 뭔가 먹고 싶을 때 재료는 어떤 걸 쓸 수 있을까, 맛은 충분할까 등 여러 점을 고려해서 하나씩 신중하게 만들죠. 제일 좋은 기준은 제 몸이에요. 제게 맞는 재료와 식단을 하나씩 검증하며 선택지를 만들었어요.
>
> 여러분 또한 여러분의 몸에 맞는 가장 바른 기준은 자기 자신일 겁니다.
> 이 책은 각자 자신만의 식단을 조절할 수 있도록 가이드를 구성했어요.
>
> 가이드에 따라 스스로 레시피를 조정하셔도 좋고, 자기 몸에 맞게 영양과 맛을 고려하면 좋겠어요.
> 여러분이 자신에게 맞는 식단을 찾아 나가기를 응원합니다.

사용하는 재료의 칼로리는 어떻게 되나요?

칼로리 표시는 사실 의미가 없다고 생각해요.
사람마다 장내 미생물에 따라 소비하는 칼로리가 전부 다르고 칼로리 수치를 계산하는 방식도 다 오차가 있어요. 자신에게 맞는 수치를 확인하기 위해서는 칼로리 수치를 각자의 기준에 맞게 계산할 수 있는 어플리케이션을 참고하기를 부탁드려요.

유튜브 편집을 잘하시는 거 같아요!

금융쪽에서 일하며 서버 관리도 하다 보니까 기계를 잘 다루는 거 같아요.
영상과는 전혀 관계없는 직업이었지만 툴 만지는 게 익숙해서 편집은 쉽게 했던 거 같아요.

촬영 시간은 보통 3시간이 걸려요. 편집은 4일 걸리구요.
촬영 장비는 카메라 두 대가 있고 핸드폰 카메라도 사용합니다.
컷 편집 시간은 그리 오래 안 걸리는데 자막 쓰는 게 오래 걸려요.
맞춤법과 계량에 신경쓰는 편이에요.

저탄고지, 어렵지 않아요!

지방의 진실

지방을 먹으면 살찐다는 오해!
저탄고지 다이어트에서 활용하는 지방은 무엇인지 알아보기로 해요.

포화지방

불포화지방

다가불포화지방산

단일불포화지방산

1. 포화지방 및 불포화지방

지방(FAT)은 포화지방산(SFA)과 불포화지방산(UFA)으로 나뉩니다.
포화지방은 이중결합이 없어요. 반면에 불포화지방은 이중결합이 있어서 포화지방산보다 불안정해요. 또한, 불포화지방산은 이중결합이 여러 개 있으면 다가불포화지방산(PUFA), 단 한 개 있으면 단일불포화지방산으로 나뉩니다. 다가불포화지방산에는 오메가-3(Omega-3)와 오메가-6(Omega-6)가 있어요. 그리고 단일불포화지방산은 오메가-9(Omega-9)이 있습니다.

2. 포화지방(SFA)

포화지방은 구조가 안정적이어서 실온에서 고체 형태입니다. 안정적이라는 말은 산화되기 어렵다는 뜻이에요. 체내에 오래 남게 되는 거죠.
포화지방산에 대한 오해는 콜레스테롤 수치를 높여 심혈관계 위험이 있다는 것이었어요. 그러나 이후의 많은 연구결과에 따르면, 포화지방산은 심혈관 질환과 관련할 만한 충분한 근거가 없는 것으로 밝혀졌어요.

하지만, 또 최근 연구에는 포화지방산의 권장량을 하루 소비칼로리의 6%를 넘지 않는 것을 권장하고 포화지방을 불포화지방으로 대체하여 섭취 시 심혈관 질환 30%를 감소시킨다는 결과가 있어요.

포화지방산은 코코넛 오일, MCT 오일, 버터, 라드에 많이 포함되어 있습니다.

Tip 라드를 제외하고 세 가지 재료는 키토제닉 다이어트에서 방탄커피의 재료로 사용됩니다.

이 중에서 코코넛 오일과 MCT 오일에 함유된 중쇄지방산은 간에서 케톤(에너지)으로 바로 합성됩니다. 이것은 지방 대사에 도움을 주며 다이어트에 도움이 됩니다. 또한, 뇌에 즉각적인 에너지를 공급해주고 운동 능력도 향상시킵니다.

부작용 : 위장 장애, 설사 등을 조심해야 합니다. 간 질환자, 임산부, 당뇨 환자는 복용에 주의하세요.

코코넛 오일

MCT 오일

상품을 고를 땐 방목하여 목초를 먹인 천연제품을 추천해요. 화학적 가공 과정을 거치지 않고 항생제 없이 풀을 먹인 동물에게서 나온 식품은 오메가-3와 항산화 성분이 풍부해요.

3. 트랜스지방(Trans Fat)

트랜스지방이란? 액체 상태의 불포화지방을 가공(수소처리) 시켜 고체화해 만든 지방이에요.

이 변형된 지방은 나쁜 콜레스테롤(LDL)은 높이고 좋은 콜레스테롤(HDL)을 낮춰요. 심혈관 질환에 노출되기 쉬워져 건강에 좋지 않죠.

마가린, 쇼트닝 또는 경화유를 사용한 가공식품(팝콘, 감자튀김, 도넛 등)에 많이 들어 있어 주의해야 합니다.

4. 불포화지방산(UFA)

이중결합에 붙어 있는 탄소 개수에 따라 오메가-3, 6, 9로 구분돼요. 이중결합이 많을수록 불안정하죠. 안전성은 오메가-9 〉 오메가-6 〉 오메가-3순으로 오메가-9가 가장 높고 이중결합이 적어요. 구조가 불안정할수록 산화되기 쉬워지고 활성산소가 생성되어 염증과 노화의 원인이 됩니다.
오메가-3에는 알파 리놀렌산(ALA), EPA, DHA가 있습니다.
알파 리놀렌산은 들기름에 많이 함유되어 있어요. EPA와 DHA로 전환되기는 하지만 전환율이 낮아요. 인슐린 저항성을 개선시키고 대사 활동 증진, 지방성 간 기능 향상, 심장병 예방에 도움을 줘요.
EPA는 우울증과 염증에 효과적입니다.
DHA는 눈 망막과 뇌세포 구성성분이에요. 눈과 뇌 기능(인지)에 도움을 줘요. 생선에 많이 들어 있는 성분입니다.
오메가-3는 산패하기 쉬워 신선하게 섭취해야 해요. 특히 조리 시 생선을 태우거나 생들기름으로 볶음 요리를 하는 것은 바람직하지 않아요.

오메가-6에는 아라키돈산(ARA), 감마리놀렌산(GLA), 공액리놀렌산(CLA)가 있습니다.

ARA : 세포벽을 구성, 과다섭취 시 염증성 에이코사노이드(Eicosanoid) 생성으로 염증을 유발해요.
GLA : 항염증성으로 관절염과 유방암 치료에 도움을 줍니다. (달맞이꽃유)
CLA : 체지방 감소 효과가 입증되었어요.

오메가-6는 포도씨유, 해바라기씨유, 콩기름, 옥수수유, 참기름, 카놀라유 등 식물성 기름에 많이 들어 있습니다. 그러나 화학 과정을 거친 콩기름과 카놀라유에는 GMO 원료를 사용한 경우가 많아 논란이 되고 있어요. 전문가들은 외식 등으로 너무 많이 노출되어 있음을 지적하고 있어요.
오메가-3와 오메가-6를 1:1 비율로 섭취하기를 권장합니다.

5. 단일불포화지방산(MUFA)

단일불포화지방산 중 올레익산(Oleic Acid, Omega-9)의 비중이 제일 높아요.
포화지방 중 일부를 단일불포화지방산으로 섭취하면 건강상 이점이 많습니다.
올레익산은 중성지방과 LDL 콜레스테롤 수치 개선, 인슐린 민감성 높여 대사에 효과적이에요. 항염증에 도움을 줍니다.

올리브 오일

아보카도 오일과 올리브 오일에 많이 포함되어 있어요.
열에 강하여 유해한 화합물을 생성하지 않아 대부분의 요리에 적합합니다.
올리브 오일은 산도에 따라 발연점에 차이가 있어요. 낮은 산도의 제품을 추천해요. (0.1 Acid)

결론

다이어트에 도움이 되는 오일: MCT 오일, 코코넛 오일, CLA, 오메가-3, 오메가-9(올리브 오일 등)
건강에 도움이 되는 오일: 오메가-3, 오메가-9 등
요리에 적합한 오일 : 천연 버터, 코코넛 오일, 라드, 아보카도 오일, 올리브 오일

키토식을 비롯한 모든 다이어트에 건강한 오일을 사용하길 추천합니다.

[참고사이트]

https://www.healthline.com/
https://www.ncbi.nlm.nih.gov/
https://www.heart.org/
https://www.webmd.com
https://en.wikipedia.org

천연 감미료를 알아봐요

혈당을 높이는 설탕 대신 사용할 수 있는 단맛을 내는 감미료를 소개할게요.
대부분 GI(혈당지수) 수치 1 미만으로 혈당에 부담이 되지 않는 감미료예요.
주의점 : 혈당에 부담이 되지 않는다고는 하나, 대사 문제로 항상성이 유지되지 않는 사람들은 소량의 당으로도 혈당이 치솟을 수 있으므로 유의하세요.

1. 에리스리톨 (erythritol)

- 원료 설명 : 옥수수를 비롯한 채소를 발효시키는 과정에서 발생한 부산물의 당알콜을 에리스리톨이라고 합니다.
  장에 도달하기 전 혈류에 흡수되어 혈당을 올리지 않아요. 하지만 수분을 끌어당기는 성질이 있어서 과다하게 섭취하면 설사를 유발하니 적정량을 드셔야 해요.
  비슷한 감미료로 자일리톨(xylitol)이 있지만, 자일리톨은 GI 수치가 7 정도로 높아요. 키토식에는 GI 수치가 0~1 정도인 에리스리톨을 권장합니다.

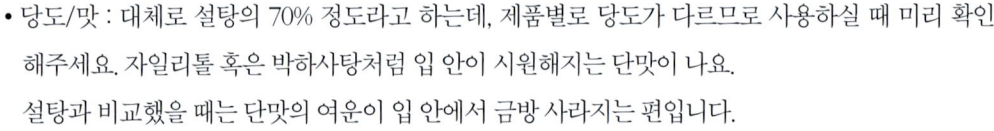

- 당도/맛 : 대체로 설탕의 70% 정도라고 하는데, 제품별로 당도가 다르므로 사용하실 때 미리 확인해주세요. 자일리톨 혹은 박하사탕처럼 입 안이 시원해지는 단맛이 나요.
  설탕과 비교했을 때는 단맛의 여운이 입 안에서 금방 사라지는 편입니다.
- 활용 방법 : 에리스리톨은 대체로 과립형이라서 요리에 활용 시 잘 녹지 않는 경우가 많아요. 곱게 갈아 쓰는 것을 추천합니다. 초고속블렌더로 분쇄하는 것을 권장해요.
  설탕과 같은 단맛을 원한다면 다른 감미료(알룰로스, 스테비아 등)와 적당히 혼합하여 사용해요.
- 권장 섭취량 : 자신의 몸무게 1kg당 1g을 사용해요.
  설사를 일으킬 수 있으므로 하루 최대 50g을 넘지 않도록 유의하세요.
- 기타 : 원재료가 옥수수이므로 제품 구매 시 non-GMO, 유기농 제품을 구매하는 것을 추천합니다.

2. 스테비아 가루/스테비아 글리세린

- 원료 설명 : 국화과의 허브입니다.
- 당도/맛 : 설탕의 100~300배 정도예요. 단맛의 여운이 오래 지속되고 제품에 따라서 쓴맛이 날 수 있어요.

- 활용 방법 : 소량만 넣어도 단맛이 나므로 양 조절이 필수예요. 주로 스무디 등 차가운 음식에 소량만 넣어줍니다. 소량만 넣기 때문에 차가운 음식에서 재결정화되지 않거나 재결정화되어도 식감과 잘 어우러져요. 에리스리톨만으로 설탕의 단맛을 내기 힘들 때 스테비아를 적정량 섞어 사용해요.
- 권장 섭취량 : 극소량만 사용해요. 단맛의 강도가 매우 강하여 계량하기 어려운 단점이 있습니다.

3. 스워브 (swerve)

- 원료 설명 : 에리스리톨과 올리고당을 혼합한 제품입니다.
- 당도/맛 : 당도는 설탕과 유사해요. 단맛의 여운도 설탕과 비슷합니다. 화한 맛이나 쓴맛이 적지만 설탕의 단맛과는 차이가 있어요.
- 활용 방법 : 보라색 패키지 제품은 곱게 분쇄되어 있어 사용하기 편리해요. 그러나 원료에 에리스리톨이 들어 있어 잘 녹지 않는 경우가 많아 차가운 요리에는 부적합합니다.

권장 섭취량 : 에리스리톨과 마찬가지로 자신의 몸무게 1kg 당 1g을 권장합니다. 역시 설사를 일으킬 수 있으므로 하루 최대 50g을 넘지 않도록 유의하세요.

4. 알룰로스

- 원료 설명 : 무화과, 포도 등에 들어 있는 단맛 성분을 미생물로 발효했어요. 일부 제품은 올리고당과 혼합했습니다.
- 당도/맛 : 조금 덜 단 올리고당 맛이에요. 끈적임이 없으며 흐르는 제형입니다.
- 활용 방법 : 수분감과 단맛을 동시에 주고 싶을 때 사용해요. 차가운 음식에도 잘 녹는 편이에요.
- 권장 섭취량 : 100g당 30kcal 정도로, (제 몸으로) 실험 결과 혈당을 올리지는 않는 것 같으나 칼로리가 있으므로 혈당을 올릴 수도 있어요. 자기 몸에 맞는지 확인하고 섭취해야 합니다.

- 기타 : 유전자 조작 미생물로 발효했다 하여 논란이 있었어요. 가성비가 좋으며 마트에서 쉽게 구매할 수 있습니다.

5. 사용 NO
- 말토덱스트린이 함유된 제품: 설탕보다 GI 수치가 높아요.
- 인공 감미료

  사카린, 아스파탐 등

  설탕 대비 당도가 제품에 따라 200~700배 높아요.

  인공 감미료는 장내 미생물에 영향을 미치며 암을 일으킬 수 있다는 연구 결과도 있으므로 섭취 시 주의해야 합니다.

  참고자료) https://www.health.harvard.edu/
- 천연당 : 아가베 시럽(과당 90%), 메이플 시럽, 꿀, 비정제 설탕

  과당이 간에서 분해될 때 나오는 최종당화산물이 인슐린 저항성을 증가시키는 한 가지 원인이에요.

  최종당화산물은 노화, 당뇨, 백내장, 녹내장, 천식 등의 원인이 될 수 있습니다.

  천연당에는 소량의 미네랄, 식이섬유 등이 있어 설탕보다 건강하다고 하나, 사실상 소량이라 체내에 큰 영향을 끼치지는 않아요.
- ~ose 성분을 주의해요

  수크로오스(설탕), 말토오스(맥아당), 락토오스(유당)

  ~ose는 탄수화물에 붙는 접미사예요.

  셀룰로오스는 식이섬유이므로 유의성분에서 제외해요.

밑재료 손질

※ 레시피에 알맞은 손질법을 권장했어요.
요리를 맛보며 입맛에 맞게 손질해도 좋아요!

- **잘게(작게) 썰기**
  식감이 무겁지 않고 골고루 느껴져요.

- **잘게 다지기**
  요리를 마무리하거나 기름을 낼 때 쓸 거예요.

- **먹기 좋게 자르기**
  취향껏 먹기 편한 크기로 손질해요.

- **꼭지 자르기/꼭지 제거하기**
  요리에 불필요한 걸 제거하거나 보관을 위한 손질이에요.

- **손마디 크기 자르기**
  식감이 재밌고 음식이 푸짐해 보여요.

- **가늘게 썰기(편썰기)**
  생으로도 먹기 좋아요.

- **채썰기**
  채칼을 쓰면 편해요.

- **어슷썰기**
  비스듬히 썰어줘요.

- **심지 제거하기**
잘라낸 심지도 요리에 활용해요!

- **깍둑썰기**
큐브 모양으로 썰어요.

- **으깨기**
칼등으로 짓누르면 편해요.

- **도톰하게 썰기**
육수가 맛있게 배고 식감도 좋아요.

- **달걀 삶기**
끓는 물에 식초와 소금 1큰술(1Ts)을 넣고 삶아주세요.

- **4등분하기**
큼지막하게 먹음직스러워요.

자주 쓰는 재료 보관법이에요

감자 보관법 1

1. 포장지를 재활용하여 둘둘 말아요.
2. 서로 닿지 않게 묶은 후 보관합니다.

감자 보관법 2

무니키친's 키토노트
공기가 잘 통해야 묵은내가 안 나요.

1. 상자의 마주 보는 양면에 X자로 구멍을 뚫어 감자 상자를 만듭니다.
2. 상자에 감자를 최대한 서로 닿지 않게 넣고 사과를 함께 넣어줍니다.
3. 상자 뚜껑을 닫은 후 서늘하고 그늘진 곳에 보관합니다.

무니키친's 키토노트
감자에 싹이 나는 걸 억제할 수 있어요.

귤 보관법

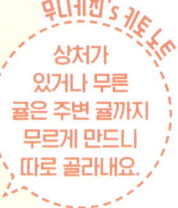

뮤니키친's 키토 노트
상처가 있거나 무른 귤은 주변 귤까지 무르게 만드니 따로 골라내요.

1. 그릇에 물과 베이킹 소다를 넣고 섞어주세요.
2. 귤을 담근 후 솔로 문질러 귤 틈새의 먼지를 닦아줍니다.

3. 씻은 후 물기를 꼭 제거해주세요.
4. 통풍이 잘되는 바구니에 서로 닿지 않게 담고 서늘한 곳에 보관합니다.

양파 보관법

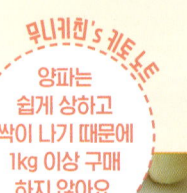

뮤니키친's 키토 노트
양파는 쉽게 상하고 싹이 나기 때문에 1kg 이상 구매하지 않아요.

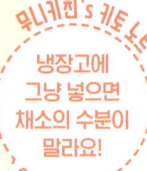

뮤니키친's 키토 노트
냉장고에 그냥 넣으면 채소의 수분이 말라요!

1. 통풍이 좋은 망에 하나씩 넣고 바람이 잘 통하는 그늘진 곳에 매달아 놓습니다.
2. 다친 양파는 무른 부분을 제거하고 밀폐 용기에 넣은 후 냉장고에 보관합니다.

대파 보관법

뮤니키친's 키토 노트 — 파의 포장 비닐을 이용하면 흙이 떨어지는 것을 깔끔하게 처리할 수 있습니다.

뮤니키친's 키토 노트 — 따뜻한 물에서 흙과 이물질이 더 잘 분리됩니다.

1. 파를 보관할 밀폐 용기(지퍼백) 안에 골판지를 잘라 넣어요.

2. 감기에 좋은 파뿌리는 비닐 위에서 잘라 따뜻한 물에 담가 놓습니다.

> 누렇게 말라버린 파 잎은 가위로 잘라 버립니다.

뮤니키친's 키토 노트 — 물에 닿으면 파가 성장하니 절대 물로 씻지 마세요. 종이가 대파의 수분을 흡수해서 오랫동안 싱싱하게 보관할 수 있습니다.

3. 밀폐 용기의 크기에 맞춰서 잎 부분과 줄기 부분을 분리해줍니다.

4. 밀폐 용기에 파의 잎 부분과 줄기 부분을 나눠 넣고 냉장고에 보관합니다.

5. 남은 부분은 여러 번 물에 씻고 물기를 닦은 후 다져 냉동 보관합니다.

6. 파뿌리는 여러 번 물로 씻은 후 냉동실에 보관해요.

마늘 보관법

통마늘 보관

무니키친's 키트 노트
보관만 잘 하면 깐마늘보다 오래 보존할 수 있어요.

1. 통마늘은 바람이 잘 통하게 망에 넣어 그늘진 곳에 보관합니다.

깐마늘 보관

무니키친's 키트 노트
깐마늘은 수분이 있으면 균이 쉽게 번식하고 빨리 상해요.

1. 깐마늘은 흐르는 물에 여러 번 씻어 이물질과 균을 제거한 후 물기를 닦아줍니다.

2. 일주일 안에 사용할 마늘만 따로 빼놓고 밀폐 용기에 넣고 냉장고에 보관합니다.

다진 마늘 보관

무니키친's 키트 노트
조금 큰 지퍼백은 반으로 접어서 냉동하면 공간 활용에 좋아요.

1. 꼭지를 따고 푸드 프로세서로 다집니다.

2. 비닐 팩에 넣고 납작하게 편친 후 냉동합니다.

냉동 보관한 마늘은 조금씩 잘라 사용하면 편리해요.

상추 보관법

무니키친's 키토 노트
물에 잠시 담가 놓으면 농약, 벌레 등의 이물질이 더 잘 제거됩니다.

1. 물에 잠시 담가 놓았다가 씻어줍니다.
2. 물기를 탈탈 털어내요.

무니키친's 키토 노트
보름까지도 싱싱하게 먹을 수 있어요.

3. 높이가 있는 밀폐 용기에 거즈나 키친타월을 깔아요.
4. 줄기 부분이 밑으로 가도록 세워서 보관합니다.

파프리카 보관법

무니키친's 키토 노트
꼭지를 제거하면 수분이 빠진다고 하지만, 저는 제거합니다. 항상 꼭지 부분이 상하더라고요.

1. 파프리카를 흐르는 물에 씻은 후 물기를 닦아줍니다.
2. 꼭지를 제거하고 채소 통에 넣은 후 냉장 보관합니다.

생강 보관법

머니키친's 키토 노트
따뜻한 물에서 이물질이 더 잘 씻겨나가요.

머니키친's 키토 노트
생강 사이에 숨은 흙까지 씻어내요.

1. 생강을 따뜻한 물에 잠시 담가둡니다.
2. 여러 번 헹군 후 토막 내어 몇 번 더 물에 씻어줍니다.

3. 검고 무른 부분을 잘라내며 마른 행 주로 문질러줍니다.
4. 통풍이 잘되는 곳에 말린 후 밀폐 용기에 담아 냉장 보관해요.

머니키친's 키토 노트
냉장 보관 시 무표백 종이에 포장하여 지퍼백에 보관합니다. 냉동 보관 시 푸드 프로세서로 다진 후 지퍼백에 납작하게 펴서 보관합니다.

애호박 보관법

1. 비닐 포장을 벗기고 흐르는 물에 씻어줍니다.
2. 물기 제거 후 통째로 용기에 보관합니다.

고추 보관법

1. 고추를 흐르는 물에 세척 후 물기를 닦아줍니다.
2. 꼭지를 꼭 제거해요.

미개천's 키토 노트
고추는 꼭지 부분이 쉽게 상해요!

3. 밀폐 용기에 키친타월(친환경 제품)을 깔고 고추를 넣어 냉장고에 보관합니다.

토마토 보관법

1. 빨갛게 익지 않은 토마토는 바구니에 담아 통풍이 잘되는 곳에 보관해요.
2. 빨갛게 익으면 냉장고에 넣어 보관합니다.

우니키친's 레시피 가이드

레시피에 필요한 요리 설명을 '찾아보기' 해요.

 밑재료 손질 23p

 만능 간장 36p

 만능 양념장 42p

 무설탕 딸기잼 47p

 원두 로스팅 208p

 저탄수화물 고추장 39p

 만능 토마토 소스 44p

 사워 크림 50p

 채소 육수 63p

곤약밥 66p

콜리플라워 라이스 80p

찔주머니 216p

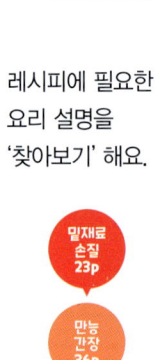

3~4인분 — 정량 기준이에요.

곤약밥

지속 가능한 저탄고지 식단을 위해 애용하는 곤약밥입니다.
한국식 밥이 먹고 싶을 때 탄수를 조금씩 먹기에 좋아요.

재료
곤약쌀 400g
오분도미 200g
백미 200g
건조 톳 1/2ts
건조 다시마 1/2ts
식초 1Ts

필요 도구
밥솥
체

— 요리를 위해 꼭 있어야 하는 도구예요.

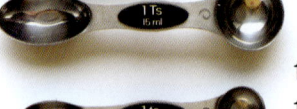

1ts = 1 작은술 = 1/2 밥숟가락 = 5g(가루) = 5ml (액체)
1Ts = 1 큰술 = 1과 1/2 밥숟가락 = 15g(가루) = 15ml (액체)
1컵 = 1 종이컵 = 200ml

요리의 기술적
보충 설명이에요.

1. 곤약쌀의 충전물은 체에 걸러 버리고 식초를 조금 섞은 깨끗한 물에 곤약쌀을 담가둡니다.

무니게양's NOTE
곤약쌀 특유의 냄새를 빼는 작업이에요.

요리 과정의
효과를 설명해요.

쌀이 깨지거나 전분이 풀려나오지 않도록 부드럽게 씻어주세요.

2. 오분도미 200g와 백미 200g을 섞어준 뒤 맑은 물이 나올 때까지 여러 번 씻어줍니다.

요리의 키토제닉
노하우예요.

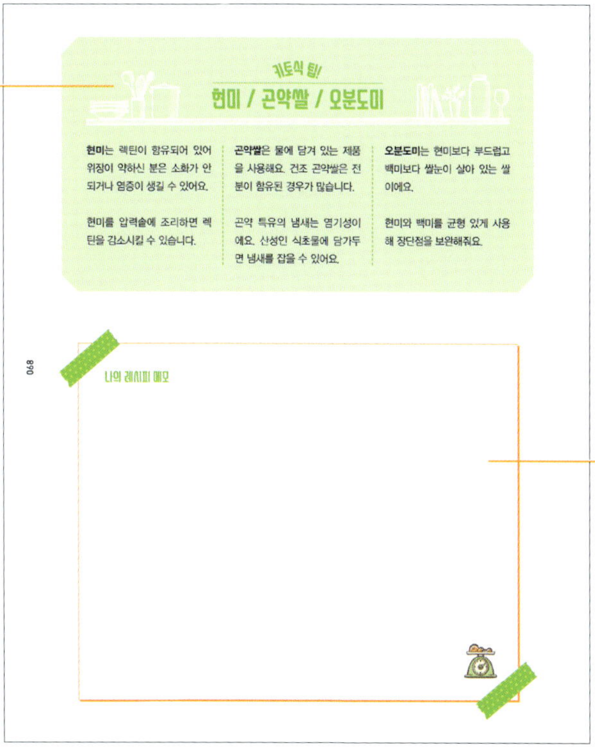

키토의 팁!
현미 / 곤약쌀 / 오분도미

현미는 렉틴이 함유되어 있어 위장이 약하신 분은 소화가 안 되거나 염증이 생길 수 있어요.

현미를 압력솥에 조리하면 렉틴을 감소시킬 수 있습니다.

곤약쌀은 물에 담겨 있는 제품을 사용해요. 건조 곤약쌀은 전분이 함유된 경우가 많습니다.

곤약 특유의 냄새는 염기성이에요. 산성인 식초물에 담가두면 냄새를 잡을 수 있어요.

오분도미는 현미보다 부드럽고 백미보다 쌀눈이 살아 있는 쌀이에요.

현미와 백미를 균형 있게 사용해 장단점을 보완해줘요.

나의 레시피 메모

요리 후기와
나를 위한 보완점을
적어요.

033

모든 요리의 입맛을 잡아주는 **소스**와 **밑반찬**을 만들어봐요!
소스는 당이 많이 들어가고 몸에 좋지 않은 지방이 많이 들어간다는 인상이 있어요.
시중에 파는 밑반찬은 양념이 많이 들어가서 자극적일 수 있고요.

하지만 '지속 가능한 키토 식단'을 위해서 빠질 수 없는 것들이죠.
미리 만들어두면 여러 저탄고지 요리에 활용하는 만능 소스와
입맛을 살리는 밑반찬을 소개합니다.

* 모든 소스와 밑반찬은 뜨거운 물을 부어 소독 후 말린 유리병을 사용했어요.

CASE 0

소스와 밑반찬의 감칠맛,
놓치지 않을 거예요!

밑재료
손질
23p

만능 간장

양조간장이 들어가는 모든 요리에 간단하게,
별다른 양념 없이 사용할 수 있는 간장입니다.
단맛을 원하신다면 감미료의 양을 2배까지 늘리셔도 괜찮아요.

뮤니키친's 키토 노트
양파는 상한 부분이 들어가면 쉽게 상하고 맛이 없어요. 싹이 난 마늘은 쓴맛이 강하니 사용하지 않는 게 좋습니다.

재료

물 200ml
청주 300ml
양파 300g
당근 50g
마늘 30g
생강 20g
통후추 1ts
간장 1L
알룰로스 200ml
에리스리톨 60g
레몬 1개

밑재료 준비하기!

양파는 상한 부분을 깨끗이 제거해 채썰어줘요.
당근은 껍질째 작게 잘라줍니다.
마늘과 생강은 편으로 썰어주세요.

1.
손질한 채소를 모두 압력솥에 넣고 통후추와 물을 넣어 잘 섞어주세요.

압력추가 올라오면 약불로 내려 김이 빠질 때까지 뜸을 들여요.

2.
압력추가 올라올 때까지 익혀줍니다.

3.
뚜껑을 열어 청주 100ml를 넣고 알코올이 날아갈 때까지 끓여줍니다.

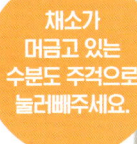

채소가 머금고 있는 수분도 주걱으로 눌러빼주세요.

4.
체에 받쳐 육수를 걸러내요.

5.
(별도의 당이 첨가되지 않은) 양조간장과 에리스리톨, 알룰로스를 넣고 끓여주세요.
간장이 끓어오르면 청주 200ml를 넣고 푹 끓여요.

무니키친's 키토 노트
저탄수식을 하지 않는다면 각각 설탕, 올리고당으로 대체 가능해요!

6.
불에서 내린 간장에 레몬을 편 썰어 넣고 하룻밤 숙성시켜요.

7.
24시간 숙성시킨 간장을 고운 체에 한 번 더 거르면 완성입니다.

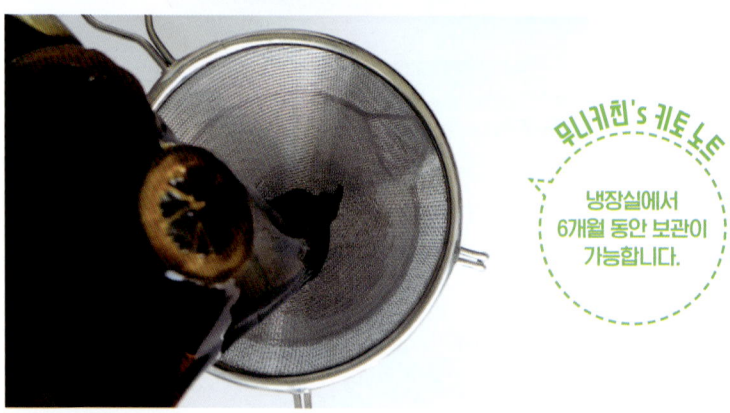

무니키친's 키토 노트
냉장실에서 6개월 동안 보관이 가능합니다.

 키토식 팁! **만능 간장**

다마리 간장, 맛간장이라고 부르기도 해요. 조림, 볶음 등 모든 요리에 사용할 수 있어요.
달지 않기 때문에 만드는 요리에 따라 감미료를 추가해주세요.
감미료를 과다하게 넣으면 설사 등의 부작용이 있으니 조심하시고요.

🍽 **500g 이상**

저탄수화물 고추장

설탕이 들어가지 않은 저탄수화물 다이어트 고추장이에요.
시판 고추장과 똑같은 맛을 내도록 개량했습니다.
혈당 상승 없이 비빔국수, 제육볶음 등을 만들어 먹기로 해요.

재료

알룰로스 90g
어간장(혹은 액젓+국간장) 90g
국간장 90g
청주 90g

생수 50ml
고운 고춧가루 150g
볶은 콩가루 10g

1.
계량한 알룰로스, 청주, 국간장, 어간장, 생수를 냄비에 잘 섞고 끓여주세요.

2.
바글바글 끓여준 뒤 고운 고춧가루를 넣어 섞어줍니다.

3.
중약불로 줄여 고춧가루를 잘 풀어주세요.

무니키친's 키토노트
이 상태에서 고추장 농도로 끓여도 고추장과 비슷해져요.

무니키친's 키토 노트
콩가루는 무설탕 제품을 사용합니다. 청국장 가루, 메주 가루로도 대체 가능합니다.

4.
볶은 콩가루를 넣고 잘 섞어주세요.

너무 되직하면 물을 조금 추가해 끓여주세요.

5.
잘 저으며 끓여주면 고추장 맛에 가까운 다이어트 고추장이 완성됩니다.

무니키친's 키토 노트
냉장실에서 6개월 동안 보관이 가능합니다.

나의 레시피 메모

저탄수화물
고추장
39p

750g 이상

만능 양념장

다양한 키토식 요리에 활용 가능한 만능 양념장이에요.
이 양념 하나로 한식 요리의 여러 조미료를 대체할 수 있습니다.
이 양념장은 짜지 않아요. 요리에 활용할 때 취향에 따라 소금을 더해줍니다.

재료

저탄수 고추장 150g
양조간장 100ml
어간장 50ml
고춧가루 100g

알룰로스 50ml
양파 150g
마늘 50g
생강 10g

후추 1/2ts
(생략 가능)
청주 50ml

필요 도구

핸드믹서(혹은 블렌더)

양파는 적당한 크기로 채썰어줘요. 생강은 편썰어줍니다.

1. 양파, 생강, 마늘, 청주, 어간장, 양조간장을 핸드믹서에 모두 넣고 갈아주세요.

2. 저탄수화물 고추장을 넣고 한 번 더 곱게 갈아줍니다.

3. 고춧가루도 넣고 잘 갈아줘요.

무니키친's 피토노트
냉장실에서 3개월 동안 보관이 가능합니다.

숙성하면 맛이 더 잘 어우러집니다.

4. 알룰로스를 단맛 취향대로 조절해 넣고 잘 섞어주세요. 밀폐 용기에 담아 냉장고에서 숙성해주면 완성입니다.

밑재료
손질
23p

🍽 4인분(활용에 따라 달라져요.)

만능 토마토 소스

피자, 리소토, 파스타 등에 두루 사용할 수 있는 만능 토마토 소스입니다.
설탕을 넣지 않고도 단맛을 즐길 수 있어요.

무니키친's 케토 노트
토마토는 방울 토마토를 활용하면 더 맛있어요.

무니키친's 케토 노트
파프리카의 꼭지 부분은 칼로 다져도 되고 푸드 프로세서를 사용해도 됩니다. 꼭 파프리카를 씻고 나서 손질하세요. 파프리카의 반듯한 몸통은 다른 요리에 활용하게 보관해줘요.

재료

마늘 35g
올리브 오일 2Ts
양파 큰 것 1/2개
파프리카 1/2개

토마토 200g
발사믹 식초 1/2Ts
토마토 퓨레 680g
오레가노 1/2Ts

필요 도구

푸드 프로세서

밑재료 준비하기!

마늘은 으깬 후 다져줍니다.
양파도 잘게 다져주세요.
파프리카의 꼭지 부분만 다져서 준비해요.

1.
팬에 올리브 오일을 넉넉히 부은 후 다진 마늘을 코팅하듯이 버무려주세요.

무니키친's 키토노트
마늘의 휘발성향이 오일에 스며들게 해요.

2.
토마토의 꼭지 쪽에 십자 모양으로 칼집을 내줍니다.

무니키친's 키토노트
꼭지 부분이 더 단단해서 칼집을 내야 골고루 데칠 수 있어요.

오래 데치면 과육이 손상되니 껍질이 살짝 벗겨지면 건져냅니다.

3.
끓는 물에 소금을 조금 넣고 토마토를 데쳐주세요.

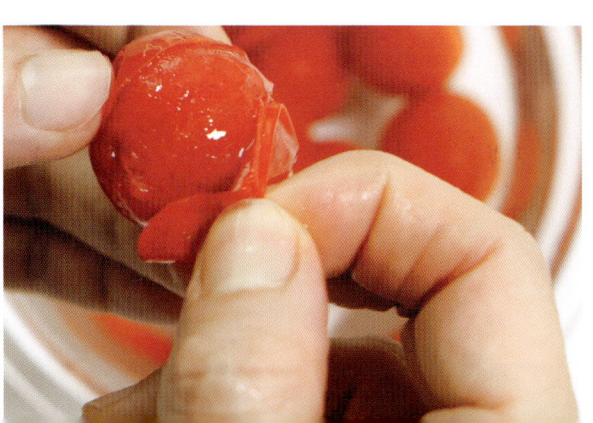

4.
데친 토마토는 찬물에 바로 담가 껍질을 벗겨준 후 푸드 프로세서로 과육이 살짝 남게 다져줍니다.

5.
오일에 버무려 놓은 마늘을 구워줘요. 마늘→양파→파프리카를 순서대로 넣고 볶아줍니다.

구운 마늘 향이 나면 양파를 넣고 양파가 투명해지면 파프리카를 넣어줘요.

6.
잘 볶아진 채소에 소금만 첨가된 토마토 퓨레를 넣고 오레가노를 살짝 넣어줍니다.

무니키친's 키토 노트
발사믹 식초를 넣으면 맛이 풍부해지고 설탕 없이도 단맛을 낼 수 있어요.

7.
다진 토마토를 넣고 저어주다가 적당히 졸아들면 발사믹 식초를 넣어 완성합니다.

무니키친's 키토 노트
냉장실에서 1주일 동안 보관 가능합니다. 냉동 보관 시 1달 동안 보관할 수 있어요.

나의 레시피 메모

🍽 2인분

무설탕 딸기잼

가공 펙틴과 설탕을 넣지 않은 딸기잼입니다.
완벽한 질감과 맛의 키토식 딸기잼 만들어보세요.

재료

딸기 300g
라즈베리 150g
레몬제스트 1/2개
레몬즙 1/4개
에리스리톨 46g

무니케친's 키토 노트
동량의 알룰로스로 대체 가능해요.

1.
딸기와 라즈베리를 섞어줍니다.

무니케친's 키토 노트
함께 사용하면 서로의 부족한 맛을 채워줘 더 맛있어요.

무니케친's 키토 노트
레몬 제스트에 있는 펙틴이 딸기잼을 적당한 정도로 굳히는 데 도움을 줘요.

2.
곱게 간 에리스리톨과 레몬 제스트를 넣어주세요.

3.
레몬즙 1/4개 분량을 넣고 잘 저어주세요.

타거나 눌어붙지 않게 자주 저어주세요.

4.
중약불로 수분을 날려주는 느낌으로 끓여요.

5. 15분 정도 끓여주면 완성입니다.

무니키친's 키토 노트
그릇에 조금 잼을 떨어뜨린 후 기울여 보세요. 천천히 흐르면 알맞게 된 거예요.

무니키친's 키토 노트
캐닝법-냉장실에서 15일 보관 가능합니다.
소독한 유리병-냉장실에서 1주일 보관할 수 있어요.
냉동 보관 시 1달 동안 보관할 수 있어요.

키토식 팁!
잼 보관법

1. 냄비에 물을 부은 후 밀폐 용기(고무링 제외)를 넣고 5분 이상 끓여요.
2. 식힘망에서 식힌 후 잼을 85% 정도 채우고 뚜껑을 닫습니다. (찬물에 식히면 깨지기 쉬워요.)
3. 냄비에 키친타월, 행주를 깔고 잼이 든 병을 놓은 후 물을 붓고 2분 정도 끓입니다.
   (파손될 수 있으니 물 온도는 잼 병의 온도와 맞춰주세요.)
4. 뜨거운 병이 식으면 자연스럽게 진공이 됩니다.

키토식 팁!
잼 / 레몬즙

잼을 만들 때에는 꼭 생과일을 사용하진 않으셔도 됩니다.
냉동 과일로 만들면 시간을 단축할 수 있어요.

감미료가 적게 들어간 이 레시피에서 **레몬즙**은 단맛을 더욱 돋게 해줘요. 또한, 보존점을 높이고 펙틴을 도와 잼을 적당한 점도로 만들어줍니다.

사워크림 1

부드럽고 살짝 꾸덕꾸덕한 질감의 사워크림이에요.
시판 사워크림보다 산도가 낮습니다.

재료

생크림 150ml
플레인 요거트 50ml

물기를 탈탈 털고 채반에 받쳐두면 금방 말라요.

1.
사용할 용기에 뜨거운 물을 부어 소독합니다.

2.
생크림에 플레인 요거트를 잘 섞어 용기에 담은 후 뚜껑을 닫아줍니다.

3.
실온에 24시간 동안 발효시키면 완성입니다.

냉장실에서 1주일 동안 보관할 수 있어요.

4.
이 상태로 하루 더 냉장 보관하면 더 꾸덕꾸덕해져요.

사워크림 2

질감은 시판 사워크림보다 부드럽고 덜 꾸덕꾸덕하지만 맛은 시판 사워크림과 비슷해요.

재료

생크림 150ml
우유 50ml
레몬즙 20ml

물기를 탈탈 털고 채반에 받쳐두면 금방 마릅니다.

1.
사용할 용기에 뜨거운 물을 부어 소독합니다.

2.
생크림과 우유를 넣어줘요.

3.
레몬즙을 넣고 잘 섞어 용기에 담은 후 24시간 동안 발효시키면 완성입니다.

무니케잌's 레토노트
냉장실에서 1주일 동안 보관할 수 있어요.

4.
이 상태로 하루 더 냉장 보관하면 더 꾸덕꾸덕해져요.

 5회분

생강 초절임

알싸하고 감칠맛 나는 생강 초절임이에요.
키토식을 하며 매운맛이 생각날 때 곁들이면 좋아요!

재료

생강 100g
곱게 간 에리스리톨 1Ts
소금 1ts
식초 100ml

필요 도구

채칼

무니키친's 키토 노트
재료 보관법 (30p)을 보고 생강을 손질해요!

1.
채칼을 이용해 생강을 채썰어 주세요.

2.
식초와 에리스리톨, 소금을 잘 섞은 후 생강을 넣어줍니다.

무니키친's 키토 노트
냉장실에서 2주일 동안 보관할 수 있어요.

무니키친's 키토 노트
생강의 아린 맛이 싫다면 생강을 물에 데친 후 식초 물에 넣거나 생강 초절임을 먹기 전에 물에 한 번 담가도 돼요.

3.
생강이 완전히 잠기게 넣고 밀봉해주면 완성입니다.

토마토 절임

🍽 5회분

밑재료 손질 23p

토마토를 한 박스 사면 보관 때문에 고민하신 분 많으시죠?
이럴 때 토마토 절임 한 번 만들어보세요.
새콤 짭짤한 맛에 입맛이 살아나요.

재료
토마토 500g
양파 1/4개

〈절임물〉
애플사이다 식초 100ml
알룰로스 50ml
올리브 오일 100ml
건바질 1/2ts
소금 1ts

밑재료 준비하기!
양파를 잘게 다져놓습니다.

1. 토마토는 꼭지를 제거한 후 칼집을 십자로 내줍니다.
2. 끓는 물에 소금을 넣은 뒤 칼집 낸 토마토를 넣어 데쳐냅니다.
3. 찬물에 (얼음물 추천) 데친 토마토를 담가 껍질을 벗긴 후 바로 건져냅니다.
4. 절임물 재료를 잘 섞어줍니다.
5. 절임물에 토마토와 양파를 버무리면 완성입니다.
6. 끓는 물에 소독한 밀폐 용기에 담아 냉장고에 보관해요.

꼭지에 칼집을 내주면 골고루 잘 데쳐져요.

무니키친's 키토 노트
냉장실에서 1주일 동안 보관할 수 있어요.

키토식 팁!
토마토 절임

토마토 절임으로 만들어 놓으면 오래 보관할 수 있어요.
또한, 토마토의 리코펜 성분이 올리브 오일과 만나 다이어트 효과가 배가됩니다.

 3인분

코울슬로(양배추 샐러드)

일주일간 냉장고에 저장해 놓을 수 있는 샐러드입니다.
상큼한 맛이 제육강정과 잘 어울려요.
각종 샌드위치의 속 재료로도 활용해보세요.

재료
- 양배추 300g
- 양파 100g
- 당근 50g

양념 재료
- 마요네즈 100g
- 사워크림 100g
- 알룰로스 2Ts
- 레몬즙 2Ts
- 소금 1ts
- 후추 약간
- 우유 약간

무니키친's 키토 노트
냉장실에서 1주일 동안 보관할 수 있어요.

1. 양배추, 양파, 당근은 5mm 두께로 채썰어둡니다.
2. 채썰어둔 야채에 우유를 제외한 모든 양념 재료를 섞어줍니다.
3. 병에 담아 보관합니다.

너무 되직하면 우유를 한 스푼씩 추가하여 원하는 농도를 맞춰 줍니다.

나의 레시피 메모

사우어크라우트(양배추 절임)

독일식 양배추 김치 '사우어크라우트' 만드는 법을 알려드릴게요.
고기와 잘 어울리고 샌드위치, 핫도그에 넣어 먹어도 맛있어요.

재료

양배추 800g
소금 24g

간단하게 하려고 뜨거운 물을 부은 후 물기를 털었어요.

1.
양배추 절임을 담을 용기부터 소독합니다.

무니케친's 키토 노트
양배추 심지는 채소 육수나 다른 요리에 활용하세요.

7mm 정도로 두껍게 썰어주세요.

2.
양배추의 심지를 제거하고 약간 두껍게 썰어주세요.

너무 얇게 썰면 공기와 접촉 면적이 넓어져 산화되기 쉬워요. 양배추를 절이면 두께가 더 얇아져요.

무니케친's 키토 노트

3.
양배추를 물에 씻은 후 물기를 빼주세요.

무니케친's 키토 노트
소금은 양배추 무게의 3%-5%가 적당합니다. 유산균의 먹이가 될 당류가 나오는 중요한 과정이에요.

처음에는 천천히 살살 버무리다가 어느 정도 숨이 죽으면 세게 버무려도 돼요.

4.
양배추에 소금을 뿌리고 잘 버무려주세요.

061

5.
들어 올렸을 때 양배추에서 물이 뚝뚝 떨어질 정도로 버무려 줍니다.

무니키친's 키토 노트
소금이 적게 들어가면 수분이 덜 빠져나와 보존성이 떨어집니다.

6.
소독한 병에 양배추를 꾹꾹 눌러 담아줍니다.

무니키친's 키토 노트
양배추에서 나온 물에 충분히 잠기게 가득 담아줘요.

7.
뚜껑을 닫고 일주일 동안 실온에서 발효시키면 완성입니다.

무니키친's 키토 노트
냉장실에서 2주일 동안 보관할 수 있어요.

발효 과정에서 가스가 나오니 살짝 열어놔요.

나의 레시피 메모

채소 육수

건강한 육수 맛을 내는 채소 육수예요.
한 번 만들어두면 키토식 레시피에 유용하게 쓰여요.

무니키친's 키토 노트
냉장실에서 2일 동안 보관할 수 있어요. 냉동하면 한 달 동안 보관할 수 있어요.

무니키친's 키토 노트
양파는 껍질만 육수로 활용하고 내용물은 요리에 활용해도 좋아요. 양파 껍질에 곰팡이가 있다면 사용하지 마세요.

재료
대파, 양파, 당근
샐러리 줄기
말린 표고버섯
통후추

1. 대파는 세로로 갈라 넣어줘요.
2. 양파는 큼직하게 잘라 껍질과 함께 냄비에 넣어줘요.
3. 당근도 줄기와 뿌리를 버리지 않고 잘라 넣어줍니다.
4. 샐러리 줄기, 말린 표고버섯, 통후추도 함께 넣고 물을 부어 센 불에 끓여요.
5. 팔팔 끓으면 중약불로 낮춰 20분 더 끓여주면 육수가 준비됩니다.

무니키친's 키토 노트
소분해뒀다가 채소 육수를 활용해요.

키토식 팁! 채소 육수

거의 대부분의 채소는 껍질에 항산화 물질이 더 많이 함유되어 있어요. 무농약, 유기농 채소를 사용하여 껍질까지 먹어요.

네, 저를 위해 만든 레시피예요.
체질상 탄수와 끔찍하게 안 맞는 저이지만
밥과 빵 없이 살아갈 수 없는 것도 저인걸요.
탄수량을 최대한 조절하거나 **탄수를 잊을 수 있는 레시피**를 구성했습니다.

콜리플라워, 곤약쌀을 이용한 밥은 온 가족이 애용하기도 좋아요.

CASE 1

키토식이라도 탄수화물이 먹고 싶어요!

🍽 3~4인분

곤약밥

지속 가능한 저탄고지 식단을 위해 애용하는 곤약밥입니다.
한국식 밥이 먹고 싶을 때 탄수를 조금씩 먹기에 좋아요.

재료

곤약쌀 400g
오분도미 200g
백미 200g
건조 톳 1/2ts
건조 다시마 1/2ts
식초 1Ts

필요 도구

밥솥
체

1.
곤약쌀의 충전물은 체에 걸러 버리고 식초를 조금 섞은 깨끗한 물에 곤약쌀을 담가둡니다.

> **무니키친's 키토 노트**
> 곤약쌀 특유의 냄새를 빼는 작업이에요.

> 쌀이 깨지거나 전분이 흘러나오지 않도록 부드럽게 씻어주세요.

2.
오분도미 200g과 백미 200g을 섞어준 뒤 맑은 물이 나올 때까지 여러 번 씻어줍니다.

> 물은 일반 밥보다 조금 적게, 쌀과 곤약쌀의 높이보다 살짝 낮게 넣어주세요.

3.
곤약쌀을 깨끗이 씻어주고 압력솥에 쌀과 곤약쌀을 1:1 비율로 넣어주세요.

> **무니키친's 키토 노트**
> 건조 톳과 다시마는 밥에 부족한 영양소와 식이섬유를 보충해줘요!

4.
건조 톳과 다시마를 넣고 밥을 지어줘요.
센 불에 올려주고 압력추가 올라간 뒤 불을 최대한 낮춰 10분간 뜸을 들이면 완성입니다.

키토식 팁! 현미 / 곤약쌀 / 오분도미

현미는 렉틴이 함유되어 있어 위장이 약하신 분은 소화가 안 되거나 염증이 생길 수 있어요.

현미를 압력솥에 조리하면 렉틴을 감소시킬 수 있습니다.

곤약쌀은 물에 담겨 있는 제품을 사용해요. 건조 곤약쌀은 전분이 함유된 경우가 많습니다.

곤약 특유의 냄새는 염기성이에요. 산성인 식초물에 담가두면 냄새를 잡을 수 있어요.

오분도미는 현미보다 부드럽고 백미보다 쌀눈이 살아 있는 쌀이에요.

현미와 백미를 균형 있게 사용해 장단점을 보완해줘요.

나의 레시피 메모

밑재료 손질 23p 채소 육수 63p 곤약밥 66p

2~3인분

버섯 리소토

이번에는 버섯 리소토를 만들어봤어요. 다양한 종류의 버섯을 아낌없이 넣어 버섯의 풍미도 즐기며 포만감도 잡을 수 있어요.

무니키친's 키토 노트

채소 육수를 내는 과정이 귀찮다면 치킨스톡을 물에 섞어 끓여서 사용하셔도 됩니다. 버섯은 조리 시 부피가 많이 줄어들어 잘게 다질 필요는 없습니다.

재료

채소 육수 700ml
양파 1/2개
오분도미 150g
곤약쌀 200g

다양한 버섯 250g
올리브 오일, 소금
샐러리 잎
파르메산 치즈

밑재료 준비하기!

채소 육수를 만들어줘요.
곤약쌀을 물에 불려줘요.
버섯은 씻지 않고 먼지만 털어 작게 잘라줍니다.
양파는 잘게 다져줘요!

1.
팬에 올리브 오일을 두르고 버섯을 노릇해질 때까지 볶아주세요.

소금으로 살짝 간을 하고 다 볶은 버섯은 잠시 옮겨둬요.

머리키친's 키토 노트
정통 리소토는 생쌀을 씻지 않고 그대로 사용합니다. 살짝 씻어 물기를 제거하거나 세척된 쌀을 구입하면 편리해요.

2.
같은 팬에 오일을 두르고 양파가 투명해질 때까지 볶은 후, 잘 볶아진 양파에 오분도미를 넣고 같이 볶아줘요.

머리키친's 키토 노트
여러 번 육수를 조금씩 나눠 넣고 쌀을 볶아주는 과정에서 쌀은 저어주는 물리적인 힘으로 물을 흡수하고 뱉는 과정을 반복하게 됩니다. 이때 쌀의 전분이 빠져 리소토의 식감을 좋게 합니다.

3.
채소 육수를 조금씩 넣으며 저어줘요.

육수를 붓고 젓는 과정을 반복해요.

> 곤약쌀에도 육수가 잘 스며들게 충분히 저어주세요.

4.
쌀이 어느 정도 익으면 체에 거른 곤약밥을 넣은 뒤 다시 육수를 넣고 섞어줘요.

> 다진 샐러리 잎을 살짝 올려주면 맛이 풍부해줘요!

5.
볶아 놓은 버섯을 넣고 섞어준 뒤, 소금으로 간을 하고 잘 섞어줍니다.
파르메산 치즈를 갈아넣어 끈적한 질감을 더해줘요.

키토식 팁!
버섯 / 파르메산 치즈

버섯에는 필수 아미노산이 많이 포함되어 있어요. 식이섬유도 풍부해서 포만감을 줘요.
버섯은 수분을 흡수하는 특성이 있어서 씻어서 조리하면 맛이 떨어져요.

이 책에서 사용한 **파르메산 치즈**는 첨가물이 없는 100% 자연 숙성 치즈입니다. 생산 지역에 따라 '파르미지아노 레지아노'로 라벨링되기도 해요.
가루로 가공된 파마산 치즈는 전분 및 첨가물이 포함되어 있으니 성분표를 확인하세요.

밑재료 손질 23p 곤약밥 66p

2인분

오니기라즈

김밥보다 만들기 쉽고 다이어트 도시락으로 좋은 밥버거 오니기라즈입니다.
밥 2스푼이면 다이어트 오니기라즈를 만드는 데 충분해요.

재료

오이 1개 곤약밥 100g 소금
양배추 80g 김 2장
달걀 3개 식초 2Ts
햄 4개 통깨

필요 도구

전자레인지
밀폐 용기
식품 포장용 랩

밑재료 준비하기!

오이는 두께감 있게 어슷하게 썰어둡니다.
양배추는 심지를 제거하고 한 장씩 떼어내 씻어주세요.
달걀 3개를 살짝 풀어 소금을 넣고 간을 맞춰줘요.

1.
깨끗이 씻은 양배추를 잘게 채 썰어주세요.

무니키친's 키토 노트
양배추는 수용성 농약을 잘 씻어내야 해요. 채썰고 씻으면 양배추의 수용성 영양소가 빠져버리니 주의하세요.

2.
달걀물은 팬에 부어 반쯤 익었을 때 젓가락으로 휘저어준 뒤 사각형으로 모양을 잡아 부쳐줍니다.

무니키친's 키토 노트
완전 클린한 식이요법을 하신다면, 햄을 다른 재료로 대체하세요.

3.
햄도 취향껏 구워주세요.

4.
곤약밥을 전자레인지에 살짝 데운 후 식초, 갈은 통깨를 넣고 섞어줘요.

5.
사각 밀폐 용기에 김을 깔고 곤약밥을 얇게 펼쳐줘요. 채썬 양배추, 구운 달걀과 오이, 햄을 가지런히 쌓고 곤약밥을 얇게 펼쳐줘요.

사각 밀폐 용기를 활용하면 쉽게 주먹밥을 만들 수 있어요! 취향에 맞는 용기를 준비하시고 모양에 맞게 재료를 준비하시면 됩니다.

6.
마지막으로 김을 잘 오므리고 랩으로 한 번 더 단단히 고정하면 완성입니다.

키토식 팁!
양배추 / 식초

양배추는 심지만 제거해도 보관 기간이 늘어나요. 하지만 양배추 심지에는 잎사귀보다 비타민 U, K 등 유용한 영양소가 풍부합니다.
제거한 심지는 볶음밥, 샐러드, 육수 등 다양한 요리에 활용해보세요.

식초는 탄수화물과 함께 섭취 시 인슐린의 급격한 분비를 막아줍니다.
주먹밥, 김밥 등 다양한 (식)초밥을 즐겨봐요.

밥 3스푼 김밥

탄수량을 조절한 밥 3스푼 김밥이에요.
당근이 많이 들어가고 밥도 들어가서
탄수가 허용되는 간헐적 단식, FMD 식단으로 추천합니다.

재료

단무지 2개
당근 2개
달걀 4개
슬라이스 햄 6장
영양 부추 90g
곤약밥 100g
소금, 후추
깨

필요 도구

스텐팬

밑재료 준비하기!

영양 부추는 잘 씻어 가지런히 준비해둬요. 당근은 가늘게 채썰어 기름을 두른 팬에 볶고 소금간을 해둬요. 달걀은 소금, 후추 간을 한 후 가볍게 풀어둡니다.

2인분

밑재료 손질 23p

곤약밥 66p

1.
단무지를 물에 살짝 씻어주고 물기를 제거해요.

무니케친's 키토 노트
단무지에 있는 수용성 첨가물을 제거하는 거예요!

2.
기름을 두른 팬에 달걀지단을 얇게 부치고 슬라이스 햄도 구워줍니다.
달걀 지단과 햄을 얇게 채썰어 주세요.

무니케친's 키토 노트
지속 가능한 다이어트를 목표로 햄을 사용했어요. 닭가슴살, 두부 등으로 대체 가능합니다.

3.
곤약밥에 식초, 깨와 소금을 넣어 간을 해줍니다.

김밥을 말 때 세게 말면 맛이 없고, 약하게 말면 김밥에 힘이 없어요. 적당한 힘으로 속을 너무 많이 넣지 않고 말아야 합니다.

4.
김밥용 김에 곤약밥을 최대한 넓게 펼치고 그 위에 준비한 재료를 가지런히 올려 김을 말아줍니다.
들기름을 김밥 위에 살짝 발라 마무리해요!

밑재료
손질
23p

🍽 2인분

밥 없는 김치 치즈 김밥

밥이 안 들어간 키토 김밥이에요.
각종 재료를 채썰어넣어 식감이 좋고 맛있어요.
김밥이 먹고 싶을 때 탄수화물 걱정 없이 먹을 수 있어요.

무니키친's 키토 노트

오이를 먼저 손질하면 절이는 동안 다른 재료를 손질하며 시간을 절약할 수 있어요. 야채를 가늘고 균일하게 손질해야 식감이 어우러져요. 채칼을 이용하여 다듬는 걸 추천해요.

재료

김 2장
김치 150g
치즈 3장
당근 150g
오이 2개
달걀 4개
맛살 100g
소금, 후추

밑재료 준비하기!

오이는 채썰어 소금에 절여둡니다.
당근은 채썰어둡니다.
달걀은 소금, 후추 간을 한 후 가볍게 풀어둡니다.

무니케친's 키토 노트
대부분의 맛살에는 전분과 첨가물이 있어 다이어트에는 적합하지 않아요. 취향에 따라 준비해주세요!

1.
맛살을 얇게 으깨줘요.
다른 재료들도 가늘게 준비해주세요.

2.
절여둔 오이는 면포에 넣어 물기를 짜준 뒤 살짝 볶아줍니다.

무니케친's 키토 노트
모든 재료는 팬에 볶아 준비해요. 김밥이 질척거리지 않도록 수분을 날리는 과정이에요.

3.
채썬 당근을 기름에 두른 팬에 잘 볶고 소금간을 해줘요.
달걀지단을 도톰하게 부친 후 길게 썰어주세요.

4.
얇게 편 맛살과 물기를 짠 김치도 살짝 구워줍니다.

무니키친's 키토노트
치즈와 김치로 김밥의 밥 역할을 해줬어요.

치즈를 김의 끝 부분에 조금 잘라 놓으면 접착제 역할을 해요!

5.
김밥용 김의 거친 면 위에 슬라이스 치즈와 김치를 길게 펼쳐줍니다.

무니키친's 키토노트
김밥을 썰기 전 칼을 갈고, 기름을 묻혀 썰면 밥알이 달라붙지 않고 잘 썰어져요.

오른손 엄지를 제외한 손가락 4개로 재료를 눌러주면서 엄지로 김발을 잡고 말아주세요.

6.
나머지 재료를 얹어 잘 말아주고 생들기름을 살짝 발라주면 완성입니다.

콜리플라워 라이스

비타민 C와 식이섬유 등이 풍부한 슈퍼 푸드예요.
쌀알 크기로 자르면 식감도 쌀과 비슷해서 탄수의 유혹을 이겨내는 데 도움을 줄 거예요.
단, 떫은 맛이 강해서 데쳐 먹을 수 있는 볶음밥, 리소토 요리에 추천해요.

무니키친's 키토 노트
따뜻한 물에 담가놓으면 더 싱싱해지며 농약 등이 잘 제거돼요.

재료	필요 도구	밑재료 준비하기!
콜리플라워	푸드 프로세서	콜리플라워를 깨끗한 물에 씻어 50℃의 따뜻한 물에 담가주세요.

1.
줄기 부분을 잡고 돌리며 작은 가지로 잘라주세요.

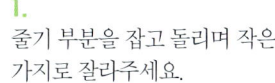

끓는 물에 데치면 영양소 손실이 있어요.

2.
푸드 프로세서에 넣고 쌀알보다 좀 더 큰 사이즈로 갈아주세요.

3.
밀폐 용기에 채반을 받친 후 보관해주세요.

필요할 때마다 적정량을 활용해주세요.

키토식 팁! 콜리플라워

100g당 27kcal으로 열량이 낮고 포만감이 높아서 다이어트에 좋아요.

콜리플라워는 수용성 비타민이 많아요. 보관할 때 물기를 짜면 콜리플라워의 영양소가 빠져나갑니다.

달걀볶음밥

디톡스 다이어트 중에 먹을 수 있는 다이어트 달걀볶음밥입니다.
다이어트 도시락으로도 최고예요!

재료

대파 50g
콜리플라워 라이스 400g
달걀 2개
발아현미밥 1Ts
강황 가루 1/2ts
올리브 오일
(혹은 코코넛 오일)

필요 도구

푸드 프로세서

밑재료 준비하기!

대파는 흰 부분, 푸른 잎 부분을 나누어 잘게 썰어줍니다.

무니키친's 케토 노트

달걀 2개 중 1개는 노른자만 사용하는 이유는 단백질 양을 줄여 장기의 부담을 낮추고 다른 영양소(미네랄, 비타민) 섭취를 높이기 위함입니다. 노른자에는 두뇌에 중요한 역할을 하는 콜린과 눈건강에 필수인 루테인이 포함되어 있어요.

1.
달걀 1개에서 노른자를 분리해요.

2.
콜리플라워 라이스에 달걀 1개와 노른자 1개, 발아현미밥 1Ts, 강황 가루를 넣고 섞어주세요.

무니키친's 케토 노트

강황 가루에 포함된 커큐민은 항염증과 항산화 등의 효과가 입증되었어요.

3.
올리브 오일(혹은 코코넛 오일)을 팬에 두르고 대파의 흰 부분을 약한 불에 볶아줘요.

4.
충분히 볶아진 후 불의 세기를 올려 달걀밥을 넣고 더 볶아줍니다.

무니게찬's 키토 노트

대파 푸른 잎의 비타민과 엽록소는 열에 쉽게 파괴되므로 마지막에 최소한의 열로 요리해요.

5.
만능간장을 팬 위에 살짝 부어 졸이고 불을 꺼주세요.
대파 푸른 잎을 잔열로 익히고 소금으로 간을 해줍니다.

소금간을 미리 하면 콜리플라워에서 물이 나와 축축해져요.

나의 레시피 메모

🔴 밑재료
손질
23p

🟠 만능
간장
36p

🟢 저탄수화물
고추장
39p

🟣 콜리플라워
라이스
80p

🍽 2인분

삼겹살 김치볶음밥

포만감이 오래 가면서 정말 맛있는 김치볶음밥이에요.
밥을 사용하지 않고도 분식점 맛 그대로 재현이 가능해요.
키토식 다이어트를 하지 않는 분들은 콜리플라워 라이스 대신
밥을 사용해도 자극적이지 않은 김치볶음밥을 드실 수 있어요.

재료

대패삼겹살 100g   콜리플라워 라이스 400g   생들기름
대파 50g   간장 2Ts   김 가루
양파 100g   고추장 1Ts   달걀 1개(선택)
김치 200g   식초(선택)

밑재료 준비하기!

대파, 양파, 김치는 잘게 다져요.
달걀프라이를 만들어둬요.

1.
대패삼겹살을 잘게 썰고 팬에 볶아줍니다.

무니키친's 키토 노트

대패삼겹살은 조리 후에 잘라도 무방합니다.

2.
삼겹살이 다 익을 때쯤 대파를 넣고 볶은 후 김치를 볶아줍니다.

김치가 덜 익었다면 식초를 조금 넣어줘요.

무니키친's 키토 노트
삼겹살과 파를 함께 볶으면 돼지고기 잡내도 잡고 파 향이 기름에 맛있게 배요.

3.
프라이팬 한쪽에 간장을 살짝 붓고 잘 섞어줘요.

간장을 태워서 약간의 불맛을 내줘요.

4.
양파와 콜리플라워 라이스도 넣고 잘 어우러지게 볶아주세요. (취향에 따라) 고추장을 넣고 함께 볶아주세요.

뮤니키친's 케토 노트
고추장을 섞으면 모든 재료가 잘 어우러져 맛이 균형 있고 먹음직 스러워져요.

뮤니키친's 케토 노트
밥을 딱 1스푼만 넣고 요리하면 더 맛있어요.

5.
미리 조리해둔 달걀프라이를 올리고 생들기름과 김 가루를 곁들이면 완성입니다.

나의 레시피 메모

마파두부 덮밥

2인분

재료

- 콜리플라워 라이스 500g
- 두부 400g
- 마늘 2Ts
- 대파 50g
- 양파 100g
- 베트남 고추 취향껏
- 액젓 1Ts
- 고춧가루 1Ts
- 두반장 1Ts
- 굴 소스 1Ts
- 소금
- 다진 돼지고기 200g(선택)

밑재료 준비하기!

마늘과 대파는 다져놓습니다.
두부는 깍둑썰기 후 소금물에 데쳐놓습니다.

무니키친's 키토 노트
두부를 한 번 데쳐놓으면 잘 부서지지 않아요.

무니키친's 키토 노트
완전 클린한 식이요법을 하신다면, 고기를 다른 재료로 대체하세요.

1. 팬에 기름을 두르고 다진 마늘과 다진 대파를 넣어 약불로 충분히 볶아줍니다.
2. 돼지고기를 넣고 노릇해질때까지 볶아줍니다.
3. 다진 양파를 넣고 반투명해질 때까지 볶다가 깍둑썰기 한 두부와 베트남 고추를 넣고 함께 볶습니다.
4. 액젓과 고춧가루를 넣고 볶다가 물이 나오면 두반장과 굴 소스를 넣고 한 번 더 볶아줍니다.
5. 콜리플라워 라이스에 곁들여 먹습니다.

키토식 팁!
콩

키토식에서는 콩 섭취에 관하여 의견이 나뉘는 경향이 있어요. 문제되는 성분인 렉틴, 이소플라본 외에도 유전자 조작에 대한 위험성 때문이죠. 또 어느 정도 포함된 탄수화물을 문제삼기도 해요.
하지만 콩에 대한 알레르기, 소화 장애가 없고 국산 유기농 콩을 올바른 조리법으로 조리한다면 전혀 문제될 것이 없다고 생각해요. 본인 탄수량에 맞는 알맞은 양을 섭취한다면 말이죠. 저도 대학 때 콩을 삶아 밥 대신 먹고 20kg가량 감량한 경험이 있어요. 본인에 맞게 섭취하세요.

콜리플라워 라이스 80p

비프 크림 리소토

 3인분

고소한 크림 리소토에 소고기를 올렸어요.

재료

콜리플라워 라이스 550g	루꼴라 50g	크러쉬드 레드페퍼(선택)
소고기 350g	올리브 오일	버터(선택)
생크림 400ml	소금	허브(선택)
파르메산 치즈 30g	후추	

1. 소고기에 소금과 후추를 넉넉히 뿌린 후 올리브 오일을 골고루 바릅니다.
2. 충분히 예열된 팬에 올리브 오일을 두르고 소고기를 구워주세요.
3. 구운 소고기는 따로 꺼내어 휴지시킵니다.
4. 소고기를 구운 팬에 콜리플라워 라이스를 볶다가 생크림을 잠기게 붓고 파르메산 치즈로 농도를 조절합니다.
5. 휴지된 소고기를 먹기 좋은 크기로 썰어줍니다.
6. 크림 리소토 위에 루꼴라와 썰어놓은 소고기를 올립니다.

버터, 허브로 향을 살려도 좋아요.

취향에 따라 크러쉬드 레드페퍼를 추가해주세요.

3인분

토마토 리소토 그라탕

학창 시절, 토마토 리소토 그라탕은 제가 제일 좋아하는 음식이었어요.
쌀 대신 콜리플라워 라이스를 이용하여 당질 함량도 낮추고 리코펜이 풍부한 토마토 소스를 듬뿍 넣어 영양도 높였어요.
새콤한 토마토와 쫄깃한 모짜렐라 치즈의 조합은 말할 것도 없이 맛있답니다.

재료
- 콜리플라워 라이스 500g
- 버터 50g
- 양파 1/2개
- 다진 소고기 100g
- 토마토 소스 200g
- 모짜렐라 치즈 150g
- 발사믹 식초(선택)
- 소금
- 후추

필요 도구
오븐

밑재료 준비하기!
양파를 잘게 다져주세요.

1. 충분히 예열된 팬에 버터를 넣고 양파와 다진 소고기를 볶아줍니다.
2. 콜리플라워 라이스를 넣고 함께 볶아줍니다.
3. 콜리플라워 라이스가 투명해지고 익기 시작하면 소금과 후추를 넣어줍니다.
4. 토마토 소스를 넣고 수분을 날리며 같이 볶아줍니다.
5. 소금으로 간을 한 후 오븐에 사용 가능한 그릇에 담습니다.
6. 치즈를 충분히 얹은 다음 오븐에 치즈가 녹을 때까지 구워주세요.

이때 발사믹 식초를 조금 넣어주면 맛이 풍성해집니다.

180℃에 10분 정도 구워주는데 오븐마다 다릅니다.

 2인분

맥앤치즈

맥앤치즈는 버터에 밀가루를 볶은 화이트소스에 여러 치즈를 추가하여 먹는 것이 일반적이에요.
이 맥앤치즈는 탄수화물 덩어리인 마카로니 대신 콜리플라워 라이스를 이용해 만들었어요.
당류 함량이 거의 없고 짭짤, 고소, 부드러운 맛은 그대로라서 키토제닉 다이어트와 잘 어울리는 메뉴입니다.

재료

콜리플라워 라이스 300g
버터 50g
생크림 400ml
파르메산 치즈 70g

넛맥 약간(선택)
소금
후추

1. 버터를 많이 넣고 콜리플라워 라이스를 센 불에 볶아줍니다.
2. 헤비크림(생크림)을 넣고 끓이다가 파르메산 치즈로 농도를 조절해주세요.
3. 넛맥을 조금 넣으면 맛있는 맥앤치즈가 완성됩니다.

기호에 따라 소금과 후추를 뿌려줍니다.

🍽 1~2인분

콜리플라워 도우 루꼴라 피자

밀가루 피자도우 대신 콜리플라워를 이용하여 도우를 만들고
비타민과 미네랄이 풍부한 잎채소를 듬뿍 올렸습니다.
밀가루 없이도 충분히 쫄깃하고 맛있어요.

재료

콜리플라워 라이스 100g
달걀 1개
모짜렐라 치즈 70g
파르메산 치즈 40g

잎채소 150g
아보카도 1/2개
만능 토마토 소스(선택)

필요 도구

전자레인지

1. 콜리플라워 라이스에 달걀을 넣고 잘 섞어줍니다.
2. 전자레인지에 모짜렐라 치즈를 살짝 녹이고 1.에 같이 섞일 때까지 저어줍니다.
3. 파르메산 치즈를 갈아 반죽에 넣고 농도를 조절합니다.
4. 넓게 펴 180℃ 오븐에서 30분 구우면 피자도우가 완성됩니다.
5. 완성된 도우 위에 토마토 소스, 각종 채소, 아보카도 등 원하는 재료를 올려 마무리합니다.

> 토핑용 파르메산 치즈는 남겨두세요.

> 모짜렐라 치즈의 온도는 약간 따뜻할 정도로 해주세요. 너무 뜨거우면 달걀이 익어요.

> 만능 토마토 소스를 추천해요!

그린 커리

🍽 3인분

태국식 그린 커리는 달콤, 시큼, 짭짤한 맛, 한 마디로 폭탄 그 자체입니다.
태국 오리지널 레시피에는 태국식 고추, 라임 잎, 레몬그라스 등 각종 향신료가 많이 들어가는데
이 레시피에는 누구나 만들기 쉽게 그린 커리 페이스트와 국산재료를 사용했어요.
곤약밥, 콜리플라워 라이스와 곁들여 드세요.

재료

- 새우 150g
- 파프리카 300g
- 그린 커리 페이스트 130g
- 마늘 40g
- 생강 20g
- 양파 200g
- 코코넛 오일 3Ts
- 코코넛 밀크 300ml
- 물 200ml
- 시금치 100g 고추 30g
- 고수 50g
- 라임 1/2개 (레몬으로 대체 가능)
- 액젓 2Ts
- 소금 1ts

필요 도구

푸드 프로세서

밑재료 준비하기!

마늘, 생강, 양파는 푸드 프로세서로 다집니다.

---

1. 팬에 코코넛 오일을 넣고 새우와 파프리카를 구워줍니다.
2. 새우가 불투명해지고 파프리카 껍질이 노릇해지면 다른 접시에 담아둡니다.
3. 2.의 팬에 그린 커리 페이스트와 다져놓은 마늘, 생강, 양파와 코코넛 밀크 100ml를 함께 넣고 볶아줍니다.
4. 향이 올라오고 되직해지면 물을 부으며 끓입니다.
5. 나머지 코코넛 밀크에 고추와 고수의 1/2개를 넣고 갈은 후, 팬에 넣고 끓입니다.
6. 시금치를 먹기 좋은 크기로 썰어 5.에 넣고 숨이 죽을 만큼만 살짝 익힙니다.
7. 구워 놓은 파프리카와 새우를 팬에 넣고 어울리도록 섞어줍니다.
8. 액젓으로 간을 한 후 라임즙을 뿌립니다.
9. 접시에 옮겨 담은 후 남은 고수 잎으로 장식합니다.
10. 곤약밥, 콜리플라워 라이스와 함께 드세요.

뮈니케친's 키토 노트

저는 수리 타이 그린 커리 페이스트를 활용했어요.

1~2인분

봉골레 파스타

저탄수 다이어트를 할 때 유용한 키토제닉 봉골레 파스타입니다.
두부면만 있다면 탄수 걱정 없이 파스타를 즐길 수 있어요.
누구나 따라 하기 쉬운 간단한 요리입니다.

재료

두부면 200g	페퍼론치노 3g	올리브 오일 50ml
모시조개 300g	양파 1/2개	화이트 와인 50ml
마늘 30g	파슬리 50g	치킨스톡 15ml

1.
양파, 마늘, 파슬리를 잘게 다져 준비해둡니다.

마늘→페퍼론치노
→모시조개의 순서로
볶아줘야 각각의 맛과
향이 잘 어우러져요.

2.
달궈진 팬에 올리브 오일을 두르고 마늘을 볶아줘요.
마늘이 살짝 익으면 페퍼론치노와 모시조개를 넣고 다시 볶아줍니다.

3.
잠시 볶다가 화이트 와인을 넣고 끓여 알코올을 날려줍니다.
뚜껑을 덮고 2분간 더 익혀줘요.

4.
양파를 넣고 더 볶다가, 치킨 스톡을 넣고 다시 뚜껑을 덮어 3분간 익혀줍니다.

5.
두부면을 넣고 소스가 면에 흡수될 수 있게 잘 섞어줍니다. 파슬리와 올리브 오일을 살짝 둘러 마무리해줘요.

나의 레시피 메모

길거리 토스트

1~2인분

SNS에서 핫했던 길거리 토스트예요.
요리한 토스트를 유산지로 잘 포장하면 도시락이나 밀프렙으로 활용해도 좋아요.

재료

아몬드 가루 40g 버터 40g
베이킹파우더 3g
(알루미늄 프리 제품)
달걀 4개 양배추 50g
당근 10g 대파 10g
치즈 1장 소금
슬라이스 햄 2개 무설탕 케첩
올리브 오일 또는 아보카도 오일

필요 도구

전자레인지

밑재료 준비하기!

양배추, 당근은 채썰고
대파는 잘게 다져줍니다.

1.
아몬드 가루와 베이킹 파우더를 체쳐줍니다.

무니키친's 레토 노트
베이킹파우더는 알루미늄 프리 제품을 추천합니다. 베이킹 결과물에서 쓴맛이 났다면 베이킹 파우더가 원인일 수 있어요.

2.
버터를 전자레인지에 녹인 후 실온의 달걀 2개를 섞어주세요.

버터는 60℃가 넘지 않도록 주의해주세요. 버터의 온도가 너무 높으면 달걀이 익어버립니다.

3.
완벽히 섞인 달걀과 버터를 체 친 가루에 붓고 천천히 섞어줍니다.

세게 섞으면 빵에 큰 기포가 생길 확률이 높습니다.

4.
반죽을 조금 높은 높이에서 전자레인지 용기에 붓고 윗면을 정리한 후 90초간 전자레인지에 조리합니다.

사각형 모양을 잡아서 도톰하게 구워줘요.

5.
준비한 채소에 달걀 2개를 넣고 섞어준 뒤, 소금으로 간을 맞춥니다.
팬에 올리브 오일을 두르고 섞은 재료를 구워줘요.

무니키친's 키트 노트
한국식 토스트에는 대파가 매력적인 맛을 냅니다.

6.
팬의 잔열로 슬라이스 햄을 구워줘요.
빵을 먹기 좋게 썰어 치즈, 달걀, 무설탕 케첩, 햄 순서로 올려주고 남은 빵으로 덮어주세요.

무니키친's 키트 노트
치즈→달걀→케첩→햄 순서로 쌓는 것이 포인트예요!

나의 레시피 메모

밑재료
손질
23p

2인분

언위치 샌드위치

채소는 많이 먹고 탄수 식욕을 대신하고 싶을 때 만들어 먹는 언위치 샌드위치입니다.
몸 속 클렌징을 할 수 있고 탄수가 없이도 포만감 가득해요!

재료
슬라이스 햄 6~10장　파프리카 200g
토마토 2개　　　　　양상추 350g
적양배추 200g　　　슬라이스 치즈 2장
양파 150g　　　　　올리브 오일

필요 도구
오목한 용기
식품 포장용 랩

밑재료 준비하기!
기름을 두른 팬에 **햄**을 구워요.
토마토와 **양파**는 링 모양으로 얇게 썰고, 씨를 제거한 **파프리카**와 **적양배추**는 채썰어주세요.
빵 역할을 할 **양상추**도 잘 씻어주세요.

1.
오목한 용기를 랩으로 감싸고 그 위에 양상추를 깔아줍니다.

2.
양파, 토마토, 슬라이스 치즈, 햄, 파프리카, 적양배추를 순서대로 올려주고 마지막으로 다시 양상추로 덮어줍니다.

재료는 넘치게 담아야 먹음직스러워져요.

3.
랩을 잡아당겨 단단히 래핑합니다. 필요하다면 한 번 더 래핑해주세요.

4.
랩에 쌓인 상태에서 반으로 잘라주면 먹기 좋은 언위치 샌드위치가 완성됩니다.

🍽 2인분

단백질 팬케이크

단백질 팬케이크 믹스를 활용한 간단 브런치예요.
단백질 팬케이크를 사용하면 간단하게 아침 식사를 준비할 수 있습니다.

재료

팬케이크 파우더 50g
물 또는 유당 제거 우유 40ml
베이컨
달걀 1개

베이비채소
올리브 오일
발사믹 식초
소금

무설탕 딸기잼

밑재료 준비하기!

베이비 채소는 씻어둡니다.

---

1. 팬케이크 파우더에 물 또는 유당제거 우유를 골고루 섞어줍니다.
2. 달궈진 팬에 기름을 살짝 바르고 팬케이크 반죽을 동그랗게 부어 앞뒤로 구워줍니다.
3. 팬케이크를 구웠던 팬에 베이컨과 달걀을 구워줍니다.
4. 접시에 팬 케이크, 베이컨, 달걀을 담고 팬 케이크 위에 잼을 뿌립니다.
5. 씻어놓은 베이비 채소를 담고 올리브 오일과 발사믹 식초를 뿌립니다.

키토식 팁!
팬케이크

이 팬케이크 파우더는 탄수 함량이 생각보다 높아요. 그래서 팬케이크는 개인 탄수량에 따라서 적게, 달걀, 베이컨, 샐러드를 곁들여 단백질, 지방 비율을 맞추고 비타민 미네랄을 보충합니다. 이 책에서는 Flapjacked 단백질 팬케이크 파우더를 사용하였습니다.

비빔국수

여름에 딱 어울리는 메뉴 비빔국수입니다.
새콤한 양념장에 비벼 후루룩 먹으면 정말 행복해요.
양념장만 따로 만들어 놓으면 여름 내내 간편하게 비벼 먹을 수 있으니 꼭 만들어보세요!

재료
- 곤약면 300g
- 배추김치 100g
- 오이 50g
- 쌈채소 50g
- 양파 50g
- 삶은 달걀 1개

양념장
- 고춧가루 2Ts
- 양조간장 2Ts
- 고추장 2Ts
- 식초 2Ts
- 다진 마늘 1ts
- 참기름 1/2Ts
- 알룰로스 2Ts

밑재료 준비하기!
배추 김치와 쌈채소는 1cm 두께로 채썰어줍니다.
양파와 오이는 가늘게 채썰어줍니다.

2인분

밑재료 손질 23p · 저탄수화물 고추장 39p

1.
곤약면은 식초물에 담가 놓아요.

무니키친's 레토노트
충전수 냄새를 빼줘요.

저탄수 고추장을 추천해요!

2.
양념장 재료를 모두 섞습니다.

3.
곤약면을 건져내 썰어놓은 김치와 양파, 양념장을 함께 버무려줍니다.

4.
그릇에 비빔면을 볼록하게 담고 쌈채소, 오이와 달걀을 올려 마무리합니다.

떡볶이

2인분

떡볶이는 나이, 성별에 관계 없이 누구나 좋아하는 국민 간식메뉴이죠.
당질 제한식, 키토식을 하다 보면 매콤한 음식, 특히 떡볶이가 먹고 싶을 때가 있어요.
치팅 유혹에서 벗어날 수 있는 키토식 떡볶이를 소개할게요.

재료

새송이 버섯 100g 양배추 100g
묵곤약 100g 대파 50g
어묵 100g 물 400ml
양파 50g 삶은 달걀(선택)

양념

고춧가루 2Ts 알룰로스 3Ts
양조간장 2Ts 다진 마늘 1ts
액젓 1Ts
고추장 2Ts

밑재료 준비하기!

새송이 버섯, 어묵, 양배추는 손가락 굵기로 썰어 따로 놔둡니다.
양파는 가늘게 채썰어 놓습니다.
대파는 잘게 썰어 놓습니다.

1.
묵곤약은 손가락 굵기로 썰어 식초 물에 담가둡니다.

곤약의 특유한 냄새는 염기성입니다. 식초 물에 담그면 냄새가 사라져요.

2.
냄비에 물 400ml를 붓고 양념 재료를 풀어줍니다.
곤약을 식초 물에서 건져내어 어묵과 함께 냄비에 넣고 끓여 줍니다.

어묵이 얇으면 끓어오른 뒤 넣어주세요.

3.
물이 끓어오르면 버섯, 양파, 양배추를 넣고 끓여줍니다.

4.
서빙 접시에 담은 후 대파와 달걀을 올려 마무리합니다.

다이어트는 '일상적이지 않던' 식단을 접하고 유지해야 한다는 게 가장 어려운 점이라 생각해요.

제 레시피는 일상에서 접할 수 있는, 그리고 가정식으로 즐길 수 있는 요리를
탄수화물은 덜고 좋은 지방과 단백질은 더하는 방식으로 개발했어요.

'지속 가능한 다이어트'를 위해, 쭉 믿고 따를 수 있는 건강한 식단을 위한
레시피를 소개합니다.

CASE 2

다이어터지만,
그럴싸한 한 끼 식사를 먹고 싶어요!

만능간장 36p

2~3인분

초간단 굽네치킨

아이들과 건강한 치킨을 먹고 싶어 만들었어요.
기름기를 쏙 빼서 담백하고 맛있어요.

재료

- 볶음탕용 닭 1마리(1kg)
- 청주 2Ts
- 소금, 후추
- 마늘 가루 1ts
- 생강 가루 1/4ts
- 올리브 오일 40ml
- 만능 간장 70ml
  (또는 간장 50ml+감미료 20ml)

필요 도구

- 에어프라이어
- 종이호일(기름종이)
- 지퍼백

밑재료 준비하기!

- 소스 만들기

종지에 만능 간장, 올리브 오일, 마늘 가루, 생강 가루를 넣고 잘 섞어주세요.

- 기름종이 만들기

 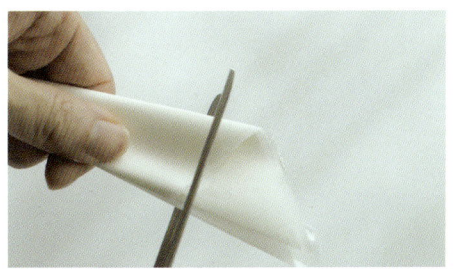

종이호일(기름종이)을 대각선으로 4~5번 접은 뒤 뾰족한 바깥 부분을 잘라주세요.

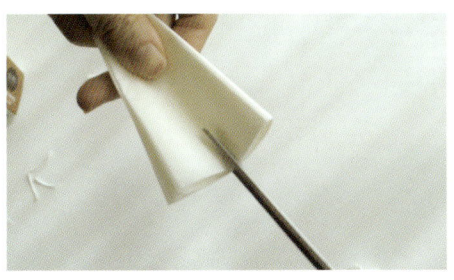 

방향을 바꿔 잘라 칼집을 내주고 펼치면 원 모양이 됩니다.

1.
닭은 칼집을 넣거나 포크로 찔러둡니다.

뼈 부위 위주로 칼집이나 포크집을 많이 내주세요.

머니케친's 키토 노트
칼집을 내주면 간이 빨리 베고 잘 안 익는 부위도 골고루 익게 해줘요.

2.
손질한 닭에 청주를 뿌려줍니다.
소금과 후추로 밑간을 해줘요.

머니케친's 키토 노트
청주는 닭의 비린내를 제거하고 양념이 잘 스며드는 통로를 만들어줘요.

3.
닭을 지퍼백에 담고 만들어둔 양념을 부어주세요.
냉장고에서 1시간 정도 재워둡니다.

지퍼백의 공기를 최대한 빼고 밀봉해주세요.

4.
원으로 자른 기름종이를 에어프라이어 바스켓에 깔고 망을 올려요.

5.
잘 재운 닭을 서로 겹치지 않게 에어프라이어에 넣어주세요.

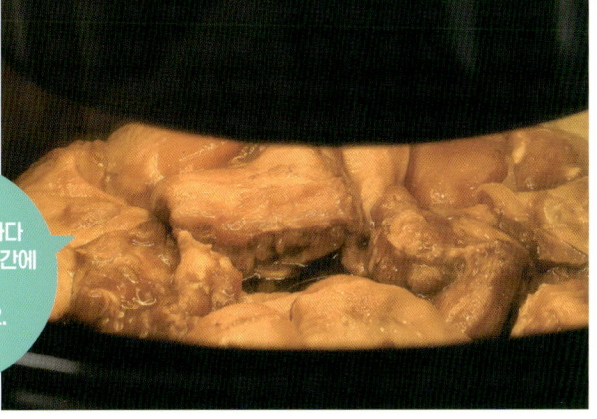

에어프라이어마다 온도가 다르니 중간에 익은 정도를 확인해주세요.

6.
195℃에서 15분간 구워줍니다.

7.
15분간 구워준 뒤 닭을 뒤집어서 190℃로 10분간 더 구워주면 완성입니다.

나의 레시피 메모

밑재료
손질
23p

🍽 2~3인분

로스트 치킨

겉은 바삭하고 속은 촉촉한 치킨이에요.

재료

백숙용 닭 1마리 대파 20g
허브 2~3줄기   후추
레몬 1/2개   소금
마늘 30g   올리브 오일 3Ts

필요 도구

에어프라이어
면실

밑재료 준비하기!

통마늘의 꼭지는 자릅니다.
대파는 2cm 크기로 잘라주세요.
레몬은 1/4 크기로 잘라주세요.

1.
백숙용 닭을 깨끗이 씻은 후 꼬리와 목덜미의 지방은 제거합니다.

> 물기를 꼼꼼히 제거해주세요.

> 무니키친's 가든 노트
> 물기를 꼼꼼히 제거해야 오븐에서 더 바삭하게 익어요.

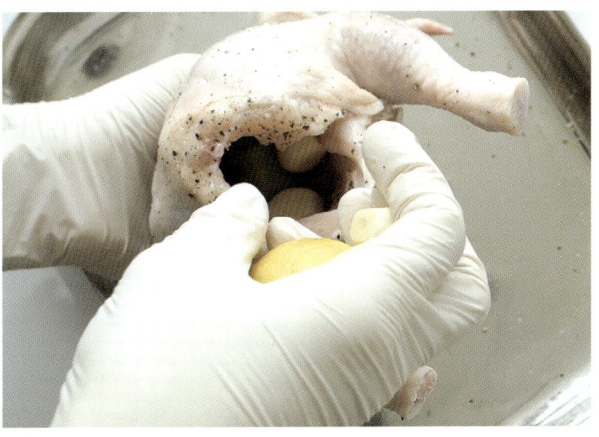

2.
닭을 포크로 찔러주고 후추와 소금으로 문질러줘요.

> 닭 안쪽까지 골고루 문지릅니다.

> 무니키친's 가든 노트
> 닭을 포크로 찔러주면 속도 잘 익고 기름기가 잘 빠져서 껍질이 더 바삭해져요.

3.
닭의 배 속에 허브와 레몬, 마늘, 대파를 넣어줍니다.

> 오일을 나중에 발라야 고정이 잘 돼요.

4.
면실로 날개를 고정 후 닭다리를 고정시킵니다.
올리브 오일을 통닭에 발라줍니다.

5.
닭을 로티세리에 고정시키고 에어프라이어 오븐에 맞춰주세요.

6.
190℃로 40분 동안 구워주세요.

서버에 플레이팅하면 완성입니다.

오븐에 따라 시간과 온도를 조절하세요.

껍질을 조금 더 바삭하게 하려면 마지막 10분에 바람세기를 강으로 올려주세요.

나의 레시피 메모

밑재료 손질 23p

3인분

마늘 삼겹살

언제 먹어도 행복한 삼겹살이에요.
탄수화물, 알코올을 조절하면 최고의 저탄고지 음식이죠.
기름기를 쏙 빼고 채소와 곁들여 먹어요.

재료

삼겹살 600g
마늘 150g
대파 250g
미니 새송이 버섯 300g

필요 도구

에어프라이어

밑재료 준비하기!

대파를 2cm 크기로 잘라줘요.
마늘은 잘 씻고 꼭지 부분을 잘라줘요.
새송이 버섯은 먹기 좋게 잘라줘요.

1.
삼겹살은 지방이 많은 부위에 칼집을 내주고 1cm 두께로 잘라줍니다.

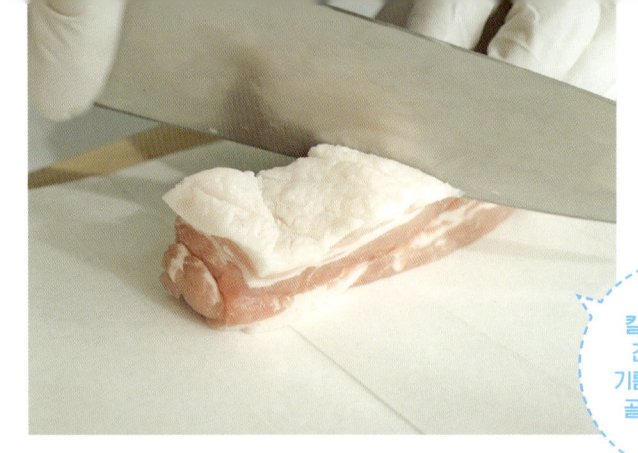

무니키친's 키토 노트
칼집을 내주면 간이 잘 배고 기름기가 잘 빠져 골고루 익어요.

2.
소금, 후추로 간을 합니다.

3.
통돌이 통에 자른 삼겹살을 넣고 200℃로 15분간 구워주세요. 팬 속도는 MED로 돌려줍니다.

무니키친's 키토 노트
부추 양파 무침을 만들어 곁들여 드시면 영양소 가득한 키토제닉 식단이 완성됩니다.

4.
15분 후 마늘과 대파, 미니 새송이 버섯을 넣고 10분간 돌려주면 완성입니다.

밑재료
손질
23p

만능
토마토 소스
44p

6인분

에그 머핀

탄수 적은 또띠아에 단백질, 지방 영양 가득한 달걀로 머핀을 만들었어요.
'한 입 피자'를 먹는 느낌이에요.

재료
또띠아(토르티야) 3장
양파 1/2개
표고버섯 2개
토마토 1개

달걀 6개
모짜렐라 치즈 120g
토마토 소스 200g
소금

후추
파슬리
파르메산 치즈
아보카도 오일

필요 도구
에어프라이어
머핀틀

밑재료 준비하기!
양파, 표고버섯, 토마토는 작게 잘라줘요.

1.
달걀 6개를 풀고 소금과 후추를 섞어줍니다.

2.
또띠아 3장을 4등분(12개) 해요.

> 머핀 틀에 잘 맞도록 손질을 해줘요.

3.
아보카도 오일을 골고루 바르고 또띠아를 넣어주세요.

4.
모짜렐라 치즈→토마토 소스
→다진 양파, 토마토, 버섯 등
을 넣은 후 풀어놓은 달걀물을
부어줍니다.

5.
머핀 틀을 에어프라이어 오븐
에 넣은 후 170℃로 20분 팬
속도 MED로 구워줍니다.
다진 파슬리와 파르메산 치즈
가루를 뿌려 완성해요.

나의 레시피 메모

밑재료 손질 23p · 만능 토마토 소스 44p

2인분

파르미자냐 (이탈리아 가정식 가지 요리)

이탈리아 가정식 가지 요리에 쥬키니(애호박)를 같이 사용했어요.
서로 다른 맛의 조합이 새롭고 영양도 풍성해졌어요.

재료

가지 1개
애호박(쥬키니) 1개
토마토 소스 400ml
모짜렐라 치즈 120g

올리브 오일
에멘탈 치즈(선택)
파르메산 치즈(선택)
파슬리

필요 도구

오븐

밑재료 준비하기!

가지는 도톰하게 썰어줍니다.
애호박도 가지와 비슷한 크기로 썰어주세요.
파슬리는 잘게 다져주세요.

1.
그릴 팬을 달구고 오일을 바른 후 가지와 애호박을 구워줍니다.

살짝만 익혀주세요.

2.
오븐 사용이 가능한 용기에 토마토 소스를 깔아주세요.
소스 위에 구운 가지와 호박을 살짝 겹쳐서 나란히 올려줍니다.

3.
그 위에 다시 소스를 바르고 모짜렐라 치즈를 올려줍니다.
소스→채소→소스→치즈 순서를 반복하며 쌓아줘요.

무니키친's 키트 노트
치즈는 모짜렐라 치즈로 대체 가능해요. 오븐은 제품마다 성능이 다르니 온도와 시간을 알맞게 조절해주세요.

4.
마지막 단계에서는 풍미가 다른 파르메산 치즈를 갈아 올려줘요.
오븐(혹은 에어프라이어)에 넣고 20분간 165℃로 익힌 후, 다져둔 파슬리를 뿌려주면 완성입니다.

만능 토마토 소스를 추천해요.

샥슈카 (에그인헬)

다이어트를 할 때 이 레시피를 이용해서 달걀 다이어트를 한다면, 도움이 될 거예요.
맛은 풍성하고 탄수량은 적어요!

재료

- 마늘 15g
- 양파 1/2개
- 샐러리 50g
- 고추(피망) 50g
- 베이컨 100g
- 페퍼론치노 3~4개(선택)
- 소금
- 후추
- 파르메산 치즈
- 토마토 소스 100g
- 달걀 3개
- 올리브 오일

2인분

밑재료 준비하기!

마늘은 칼등으로 으깬 후 다져줍니다.
양파는 1cm 크기로 깍둑썰기 해주세요.
고추(혹은 피망)도 씨를 빼고 1cm 크기로 잘라주세요.
샐러리는 잎과 줄기를 분리해 잎은 다지고 줄기는 작게 잘라줍니다.
베이컨도 적당한 크기로 잘라주세요.

무니키친's 키토 노트
베이컨은 조리하면 크기가 조금 줄어드니 너무 작게 자르지 않으셔도 됩니다.

무니키친's 키토 노트
매콤함 맛을 좋아하면 페퍼론치노를 같이 넣어주세요.

무니키친's 키토 노트
토마토 소스는 제품마다 농도가 달라요. 각자의 입맛에 맞게 양을 조절해주세요. 키토식을 위한 만능 토마토 소스(44p)를 사용하셔도 좋아요.

기름을 두른 후 베이컨을 먼저 볶아주세요.

1. 팬에 기름을 두르고 마늘과 베이컨을 넣고 볶아줍니다.
2. 베이컨의 기름이 녹아 나와 어느 정도 노릇해지면 양파와 샐러리 줄기를 넣고 볶아줍니다.
3. 양파가 약간 투명해지면 고추(피망)를 넣고 풋내가 날아갈 정도로만 살짝 볶아주세요.
4. 토마토 소스를 넣고 살짝 볶아준 뒤 뜨거운 물을 붓습니다.
5. 소금, 후추로 간을 맞춰줍니다.
6. 잘 볶아진 소스에 구멍을 파고 구멍마다 달걀을 하나씩 깨서 넣어주세요.
7. 뚜껑을 덮고 달걀이 익기를 기다립니다.
8. 흰자가 어느 정도 익으면 뚜껑을 열어 파르메산 치즈를 갈아 넣어주고, 다진 샐러리 잎도 올려 마무리합니다.

원하는 농도에 맞게 물 양을 조절해주세요.

무니키친's 키토 노트
빵과 함께 드셔도 좋습니다. '지속 가능한 평생 다이어트'를 위해 빵 한 조각 정도를 추천해요.

나의 레시피 메모

밑재료 손질 23p

🍽 2인분

새우 감바스

감바스는 올리브 오일과 마늘, 새우가 어우러진 스페인의 요리입니다.
조리 시간 10분! 알고 보면 간단한 요리예요.
고소, 매콤, 맛있는 새우 감바스 만들어보세요.

뮤니케찬's 케토 노트
양송이 버섯은 물에 씻지 않고 마른 행주로 먼지만 털어 냅니다. 스폰지처럼 물을 흡수해 식감이 나빠지고 양념도 스며들지 않아요.

재료

- 올리브 오일 200ml
- 마늘 8~9개
- 페퍼론치노 7~8개
- 새우 12~14개
- 양송이 버섯 6~7개
- 소금 약간
- 후추 약간
- 파슬리 10g

밑재료 준비하기!

마늘은 편으로 썰고
양송이 버섯은 4등분해주세요.
파슬리는 잘게 다져주세요.

1.
물기를 뺀 생새우에
소금과 후추를 밑간해주세요.

> 무니키친's 키토노트
> 자숙 새우보다는
> 생새우를 사용하면
> 새우 육즙이 나와
> 더욱 맛있어요!

2.
냄비에 올리브 오일 200ml을
붓고 마늘 편을 넣어준 뒤 끓
여주세요.

3.
112℃ 정도로 끓는 상태가 되
면 불을 줄이고 페퍼론치노
7~8개를 넣어주세요.

4.
새우를 끓는 기름에 하나씩 코팅시키며 넣어주세요.
기름 온도가 낮아지니 다시 불을 올리고 양송이를 넣어주세요.

5.
육수가 잘 배도록 골고루 저어줘요.
마지막으로 불을 끈 뒤 잘게 썬 파슬리를 뿌려줍니다.

키토식 팁!
마늘

마늘은 탄수화물 함량이 다른 채소에 비해 높은 편이에요. (보통 크기 3개에 100g 기준 5g의 탄수 함유) 키토식을 하는 중에 위나 장에 문제가 있거나 두통에 시달리신다면 드시지 않는 게 좋아요.

밑재료 손질 23p   사워크림 50p   채소 육수 63p

2~3인분

소시지 토마토 스튜

살짝 매콤, 새콤한 맛이 중독성 있는 요리예요.
채소를 많이 넣어서 든든하게 먹을 수 있는 스튜입니다.

재료

올리브 오일
마늘 3~5쪽, 대파 1/2개
소시지 3~4개(180g~200g)
양파 1/2개, 버섯 70g

파프리카 50g(적색, 노란색, 녹색 하나씩)
사워크림
채소 육수 300ml
토마토 퓨레 400ml

크러쉬드 레드페퍼
훈제 파프리카 파우더
강황 가루
발사믹 식초
타임(장식용)

밑재료 준비하기!

마늘을 으깬 후 다져줍니다. 대파는 반으로 가른 뒤 송송 썰어주세요. 소시지는 어슷 썰기해 준비해주세요.

1.
팬에 오일을 두른 뒤 마늘과 대파를 미리 섞어둬요.

향이 오일에 스며들어요. 불은 올리지 마세요.

2.
양파는 손가락 마디 크기로 썰어주세요.
파프리카는 씨를 제거하고, 버섯은 지저분한 것만 털어준 후 양파와 비슷한 크기로 썰어주세요.

3.
오일, 마늘, 대파를 두른 팬에 크러쉬드 레드페퍼를 넣어 약한 불로 볶아줍니다.
썰어놓은 소시지도 넣고 볶아주세요.

4.
탈 수 있으니 불을 잠시 끄고 훈제 파프리카 파우더, 강황 가루를 넣고 골고루 섞어줍니다.

5.
다시 불을 올려 양파, 버섯을 넣고 볶다가
시즈닝이 타기 전에 채소 육수를 조금 넣고 볶아줍니다.

무니키친's 키토 노트
발사믹 식초를 한 스푼 정도 넣으면 스튜의 단맛과 색감을 살릴 수 있어요. 그린 파프리카는 다른 파프리카가 어느 정도 익은 후 넣어주면 색감을 살릴 수 있어요.

6.
파프리카도 넣고 볶아준 뒤 토마토 퓨레와 발사믹 식초를 넣고 잘 섞어주세요.

무니키친's 키토 노트
사워크림 대신 치즈를 올려 오븐에 구워도 맛있어요!

7.
불에서 내린 후 사워크림을 취향껏 올려주고 장식용 타임으로 마무리합니다.

키토식 팁!
소시지

저는 제주맘 소시지를 사용했어요. 돈육 함유량이 높고 인산염을 제외한 첨가물이 들어가지 않았어요. 또 유통기한이 짧았고(보존제가 들어 있지 않다는 의미예요.) 제주 흑돼지로만 가공합니다. 제주맘은 장애인을 고용하는 사회적 기업입니다.

10인분 이상

사골국(with 설렁탕)

키토제닉 다이어트, 카니보어 다이어트 식단으로 적합한 요리입니다.
한 번 끓여 냉동실에 소분해 놓으면 간편하게 꺼내 먹기 좋아요.

재료

한우 잡뼈 1.5kg
사골 뼈 1.5kg
소고기(사태) 1kg
다진 대파 약간

1.
한우 잡뼈와 사골 뼈를 찬물에 담가 핏물을 뺍니다.
헹궈낸 후 다시 찬물에 담가 12시간 이상 냉장고에 보관해주세요.

> **무니키친's 키토 노트**
> 잡뼈와 사골을 같이 사용하면 서로 부족한 맛을 보충해줘요. 핏물을 빼지 않으면 누린내가 날 수 있어요.

2.
핏물을 버리고 한 번 더 찬물에 담가 최대한 피를 빼주세요.

> 더 이상 핏물이 나오지 않을 때까지 반복해줍니다.

> **무니키친's 키토 노트**
> 물을 자주 갈아주면 더 빨리 핏물을 뺄 수 있어요.

3.
끓는 물에 핏물을 뺀 뼈를 넣고 끓여줍니다.

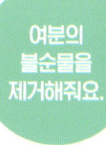
여분의 불순물을 제거해요.

4.
한 번 우려낸 육수는 버리고 찬물에 뼈를 씻어줘요.

5.
씻은 뼈를 다시 냄비에 넣고 물을 뼈 부피의 3배 정도 부어 줘요.
센 불에 끓여둔 뒤 물이 끓어 오르면 중약불로 6시간 끓여 줍니다.

머니키친's 케토 노트
3일간 6시간씩 끓여주면 진한 사골국을 맛볼 수 있어요!

6.
끓인 사골국은 차가운 곳에 보관해 굳은 기름을 제거해줍니다.

케토식 팁! 사골국 소분

완성된 사골국은 지퍼백에 소분하여 냉동 보관하면 오래 먹을 수 있어요.

with 설렁탕

7.
끓는 사골국에 사태를 넣어주세요.

고기가 싱싱하다면 핏물을 빼지 않아도 괜찮아요.

8.
중약불에 50분 정도 삶고 건져내 식힌 후 적당한 크기로 썰어줍니다.

무니키친's 키토 노트

사골국에 넣어 보관하면 고기가 풀어져요.

9.
썰어둔 고기는 냉장고에 보관해요.
먹을 때마다 사골국에 넣어 끓여 먹습니다.

다진 대파를 넣어 곁들여 먹어요.

키토식 팁! 사골국

다이어트와 사골국은 안 어울리는 조합 같지만, 대사에 필요한 미네랄 (칼슘, 마그네슘 등)과 영양소가 뼈 국물에 다 녹아 있습니다.
(우리 몸이 연료(지방)를 효과적으로 태우기 위해서는 대사가 중요해요.)
뼈 국물에 들어 있는 젤라틴은 피부 건강에 도움을 주며 글루코사민 성분은 관절 건강에 도움을 줍니다. 특히 면역에 도움을 주는 아연 성분이 들어 있어요. 뼈 국물에 있는 이 영양소들은 흡수율도 좋아서 식단 관리를 하는 분에게 추천합니다.
하지만 이 뼈 국물에 좋은 영양소가 많이 있어도 모든 사람에게 이로운 것은 아니에요. 신장병, 대사 질환 (고혈압, 당뇨)이 있다면 꼭 의사와 상의 후 섭취하세요.

키토식 팁! 사골국 기름

사골국을 차갑게 해서 걷어낸 기름은 다른 요리에 사용 가능합니다.
예전에는 소 지방이 콜레스테롤 수치를 높인다고 해서 먹지 않았는데, 최근에는 소 기름에 비타민 D와 E, CLA가 함유되어 있고, 50% 정도 있는 포화지방에 대한 평가나 인식이 바뀌었어요.
하지만 포화지방을 제한해야 한다는 연구 결과도 있어요. 몸에 무리가 가지 않게 자신에게 맞는 양을 적당히 섭취하기로 해요.

나의 레시피 메모

밑재료 손질 23p

6~7인분

갈비탕

키토제닉 다이어트에서 자주 등장하는 메뉴입니다.
갈비탕은 손이 많이 가지만 냉동해놓으면 두고두고 맛있게 먹을 수 있어요.
집밥으로 저탄고지하시는 분에게 추천합니다.

무니키친's 키토 노트
대파를 세로로 길게 자르면 건져내기도 편하고 대파의 향도 잘 우러나요. 파뿌리도 같이 준비해주세요.

재료

- 유기농 꽃갈비 1.5kg
- 대파 450g
- 무 400g
- 후추 1/2Ts
- 마늘 1Ts
- 소금
- 국간장

밑재료 준비하기!

냉동 갈비의 경우 하루 전 냉장고에 넣어놔 자연스럽게 해동합니다.
육수용 대파는 세로로 길게 잘라 놓아요.
무는 껍질을 제거하지 않고 3~4cm 두께로 크게 자릅니다.

1.
해동된 갈비 뼈 주위에 칼집을 군데군데 내줍니다.

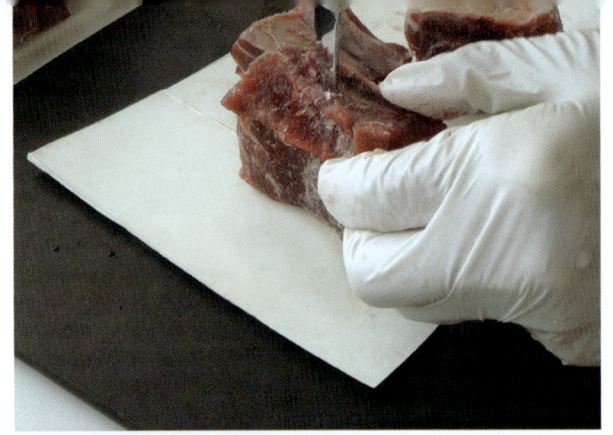

2.
갈비를 통에 담고 찬물을 넉넉히(최소 3배 이상) 부어 핏물을 뺍니다.

찬물은 자주 갈아주세요.

3.
핏물 뺀 갈비를 흐르는 물에 여러 번 씻어줍니다.

남아 있는 뼛조각까지 꼼꼼히 씻어줘요.

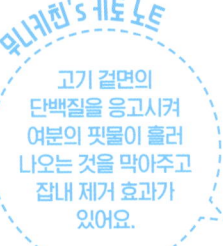

무니게친's 케토 노트
고기 겉면의 단백질을 응고시켜 여분의 핏물이 흘러 나오는 것을 막아주고 잡내 제거 효과가 있어요.

4.
끓는 물에 씻어놓은 갈비를 데쳐냅니다.

> 갈비를 데친 냄비도 씻어줘요.

5.
데친 갈비를 물에 한 번 씻어 줍니다.

무니키친's 가이드노트
> 찬물에서 익히면 고기가 부드러워집니다.

6.
손질한 채소와 데친 갈비를 냄비에 담고 찬물을 부어 푹 끓입니다.

> 수시로 확인하며 부유물을 걷어내면 더 말끔하게 즐길 수 있어요.

7.
끓이며 떠오르는 부유물을 걷어내고 1시간 정도 끓입니다.

무니키친's 가이드노트
> 푹 익힌 갈비탕이에요. 열을 식힌 후 냉동팩에 갈비와 육수, 썰어놓은 무를 함께 넣어 얼려 보관하면 한 달간 먹을 수 있어요.

8.
익힌 무를 먹을 만큼 건져내어 껍질을 벗기고 먹기 좋게 썰어 줍니다.

9.
갈비탕에 곁들일 파도 어슷썰어줍니다.

10.
다른 냄비에 먹을 만큼 갈비를 담고 썰어놓은 무를 넣어요. 먹을 만큼 국물을 넣고 끓입니다.

무니키친's 키토 노트

다진 마늘이 갈비탕에 부드럽게 어우러져요.

11.
다진 마늘을 체에 올리고 국물을 부어가며 마늘향을 우려냅니다.

12.
소금과 국간장으로 간을 맞추고 어슷썬 대파를 올려 마무리합니다.

키토식 팁!
갈비탕

당뇨인, 신장 질환, 고혈압 단백질 섭취 제한이 있으신 분은 주치의와 상담 후 개인에 맞게 섭취하세요.

나의 레시피 메모

소고기 해장국

4~5인분

얼큰한 국물의 소고기 해장국입니다.
한국인의 저탄고지 식단에 잘 어울리며 채소를 듬뿍 먹을 수 있어 추천합니다.

재료
소고기 양지 600g
삶은 우거지 600g

육수용 재료
통마늘 30g
생강 10g
대파 300g
무 300g
후추 5g

양념용 재료
다진 마늘 2Ts
고춧가루 3Ts
국간장 6Ts
소금 1ts
후추 약간

밑재료 준비하기!
대파를 잘게 썰어두세요.

1. 소고기 양지는 흐르는 물에 깨끗이 씻어둡니다.
2. 양지를 제외한 육수용 재료와 물 2L를 넣고 끓입니다.
3. 물이 끓어오르면 양지를 넣고 불을 중간불로 줄인 후 30분 이상 삶아줍니다.
4. 무와 고기를 건져내어 고기는 결의 반대 방향으로 자르고 무는 먹기 좋은 두께로 썰어줍니다.
5. 삶은 우거지는 먹기 좋은 크기로 잘라주세요.
6. 삶은 우거지에 썰어놓은 고기와 양념용 재료를 넣고 골고루 버무려둡니다.
7. 체에 걸러둔 육수에 6.의 재료를 넣고 한소끔 끓여줍니다.
8. 그릇에 해장국을 담고 대파를 장식합니다.

 3~4인분

뼈해장국

얼큰하고 구수한 국물의 뼈해장국입니다.
어렵다고 생각하시는 분들이 많은데 의외로 만드는 법이 어렵지 않아요.
국내산 무항생제 돼지고기를 사용하고 채소도 듬뿍 올리는 한국식 키토제닉 메뉴로 추천합니다.

재료
돼지 등뼈 1.2kg
우거지(시래기 사용 가능) 600g
대파 50g
홍고추 1개
국간장

깻잎(선택)
들깨 가루(선택)

우거지 양념
다진 마늘 30g
된장 2Ts
고춧가루 2Ts
후춧가루 약간

육수
대파 100g
생강 20g
마늘 60g
청주 100ml
통후추 1ts
물 2L

밑재료 준비하기!
돼지 등뼈는 흐르는 물에 씻어 찬물에 반나절 담가 핏물을 제거합니다.
우거지는 삶아놓은 제품을 구매하거나 데쳐둡니다.
대파와 홍고추는 어슷썰기 해둡니다.

1. 핏물을 뺀 돼지 등뼈는 끓는 물에 3~4분 데친 후 다시 흐르는 물에 씻어줍니다.

2. 육수용 재료와 데친 등뼈를 넣고 끓여줍니다.
   센 불로 끓이다가 끓어오르면 중간불로 줄이고 육수가 반 정도 졸아들 때까지 끓이세요.

3. 끓일 동안 데친 우거지를 먹기 좋은 크기로 썬 후 〈우거지 양념〉 재료와 함께 버무립니다.

4. 육수가 완성되면 등뼈는 건져내고 육수는 따로 체에 거릅니다.

5. 거른 육수에 양념된 우거지와 돼지 등뼈를 넣고 한소끔 끓입니다.

6. 기호에 따라 국간장으로 간을 맞춰주세요.

7. 어슷썬 대파와 홍고추를 올리고 마무리합니다.

여분의 핏물을 빼고 잡내를 제거하는 효과가 있어요.

기호에 따라 깻잎과 들깨 가루를 넣어 드셔도 좋아요.

밑재료 손질 **23p**

🍽 2인분

순두부찌개

쌀쌀한 날씨에 잘 어울리는 요리입니다.
간단한 재료로 빠르게 찌개를 끓일 수 있어요.

재료

- 양파 1개(중간 크기)
- 대파 1/2줄기
- 순두부 400g
- 다진 돼지고기 2Ts
- 비법 양념장 1Ts
  (마늘, 대파, 오일을
  1:1:1+건고추
  취향껏)
- 고춧가루 2Ts
- 어간장 2Ts
- 달걀 2개

밑재료 준비하기!

양파는 너무 크지 않게 깍둑썰기해요.
대파도 잘게 썰어주세요.

1.
순두부는 물기를 빼기 위해 잠시 체에 올려둡니다.

무니키친's 케토 노트
비법 양념장은 여러 볶음 요리와 찌개에 사용 가능해요.

2.
비법 양념장 1Ts와 다진 돼지고기를 팬에 넣고 고기에서 기름이 나오게 볶아줍니다.

3.
고춧가루를 넣고 타지 않게 약한 불에서 볶아줍니다.

물은 조금씩 나눠 넣어줘요. 찬물은 기름과 분리되니 따뜻한 물을 사용하세요.

4.
빨간 고추기름이 나오면 양파를 넣고 볶아요.
양파가 살짝 익으면 물을 넣으며 끓여줍니다.

5.
재료와 약간의 물이 어우러지면 나머지 물을 넣고 순두부를 넣어줘요.

> 진한 국물 맛을 내기 위해 어간장으로 간을 맞춰줘요. 액젓, 새우젓, 소금 등으로 대체 가능해요.

6.
달걀 2개를 넣어주고 송송 썬 대파도 뿌려줘요.
달걀 흰자가 어느 정도 익으면 완성!

나의 레시피 메모

밑재료 손질 **23p**

🍽 **2인분**

조림 닭

무니게친's 키토 노트

저는 짜장 가루로 한살림 짜장 가루를 사용했어요. 1인분당 2g의 당질을 포함하고 있어요.

예전 한 TV 프로그램에서 소개한 닭 요리를 저탄수 버전으로 바꿔봤어요.
드레싱을 넉넉히 뿌린 샐러드와 함께 키토식으로 활용해보세요.

재료

- 닭다리 1kg
- 청주
- 통마늘 70g
- 건고추 20g
- 고추 100g
- 대파 70g
- 참기름 1Ts

양념
- 물 5Ts 청주 5Ts
- 양조간장 5Ts
- 알룰로스 3Ts
- 짜장 가루 1Ts
  (굴소스, 액젓으로 대체 가능)

밑재료 준비하기!

- 냉동 닭은 하루 전날 냉장실에 옮겨 서서히 해동시킵니다.
- 통마늘은 꼭지 부분을 손질 후 반으로 잘라 놓습니다.
- 건고추는 먹기 좋게 찢어놓습니다.
- 꽈리고추는 1.5cm 정도 크기로 썰어줍니다.
- 대파는 5mm 두께로 썰어줍니다.

1.
손질된 닭은 칼집을 내줍니다.

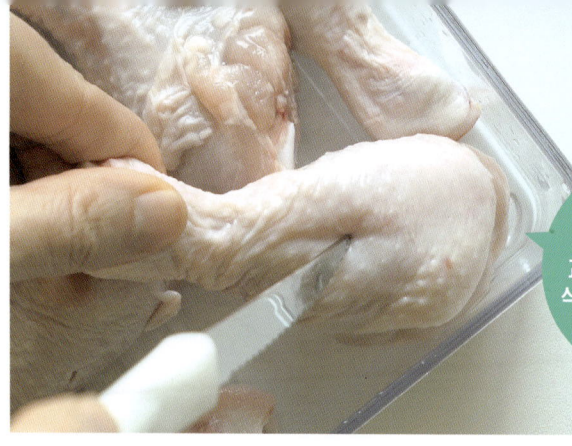

닭을 물로
씻으면 박테리아
교차 위험이 있어요.
식중독 위험이 있으니
주의하세요.

복음용 닭을
쓰신다면
닭다리에만 칼집을
내주세요.

2.
닭에 청주를 뿌리고 30분 재워둡니다.

생닭이면
이 과정은 생략
가능합니다.

3.
양념 재료를 한데 넣고 섞어주세요.

4.
재워둔 닭다리는 키친타월로 물기를 닦아줍니다.

5.
충분히 예열한 팬에 기름을 두르고 닭을 구워줍니다.

6.
뚜껑을 덮고 4~6분간 익힌 후 마늘을 넣고 건고추를 넣어줍니다.
섞어둔 양념장을 붓고 양념장이 자작하게 줄어들면 꽈리고추도 넣고 뒤섞어줍니다.

참기름은 Omega-6 함유량이 많습니다. 섭취 시 유의하세요.

7.
참기름 1Ts를 넣고 골고루 섞은 뒤 대파를 뿌려줍니다.

키토식 팁!
참기름

오메가-6 때문에 참기름을 안 드시는 분들이 많아요.
개인적인 의견으로 유전자 변형 작물로 짜낸 기름, 화학적 용매제를 이용해 추출한 오일로 튀긴 음식을 안 먹는 게 더 건강한 식생활이라 생각합니다.

밀푀유나베

2~3인분

밀푀유(mille feuille)는 '천 개의 잎'이라는 뜻으로
배춧잎, 깻잎, 소고기를 켜켜이 쌓아 전골처럼 끓이는 요리입니다.
단백질과 채소의 밸런스가 좋아서 다이어트 요리로 좋아요.

재료
알배추 1포기
깻잎 100g
샤브용 소고기 400g
표고버섯 2~3개
만가닥버섯 50g
참타리버섯 50g
무 100g
대파 50g

육수 재료
물 1L 소금
다시마 10g
멸치 50g
가다랑어포 10g
양조간장 1Ts
국간장 1Ts
페퍼론치노(선택)

폰즈 양념장 재료
청양고추 1/2개
레몬즙 1Ts
애플사이다 식초 1Ts
양조간장 4Ts
알룰로스 1Ts
오일 2Ts (MCT 오일, 올리브유, 들기름 추천)
폰즈 양념장 재료는 모두 섞어둡니다.

밑재료 준비하기!
다시마는 깨끗한 행주로 닦아놓습니다.
멸치는 내장을 제거해요.
알배추도 한 잎씩 떼어 깨끗이 씻어놓습니다. 깨끗이 씻은 무를 7mm 두께로 썰어놓아요. 대파는 두께감 있게 어슷 썰어놓습니다. 만가닥과 참타리 버섯은 밑동을 제거하고 먼지를 털어 몇 가닥으로 나눕니다. 표고버섯은 밑동을 제거하고 먼지를 턴 다음 갓 부분에 칼집을 내어 장식합니다.

〈육수〉
1. 육수 냄비에 멸치를 살짝 볶아 비린맛을 제거합니다.
2. 멸치를 볶은 육수 냄비에 물과 다시마를 바로 넣고 끓여줍니다.
3. 육수가 끓어오르면 다시마를 건져내고 중약불로 줄인 후 그대로 15분 더 끓입니다.
4. 불을 끄고 가다랑어포를 넣은 뒤 체에 걸러냅니다.
5. 걸러낸 육수에 양조간장과 국간장으로 간을 하고 기호에 따라 소금으로 간을 맞춥니다.

〈밀푀유나베〉
1. 알배추에 소고기를 넓게 펼쳐 올리고 깻잎을 올립니다.
2. 다시 알배추→소고기→깻잎 순서로 켜켜이 올립니다. 이 과정을 3번 이상 반복합니다.
3. 켜켜이 쌓은 배추를 가로로 3~4등분 후 따로 놔둡니다.
4. 샤브샤브 냄비에 썰어 놓은 무와 대파를 깔아줍니다.
5. 냄비 주위에 3.을 쓰러지지 않게 세워 두르고 가운데는 버섯으로 장식합니다.
6. 준비된 육수를 자작하게 붓고 중강불로 끓여줍니다.
7. 기호에 따라 달걀 노른자나 폰즈 양념장에 찍어 드세요.

> 이때 매콤한 맛을 좋아하면 페퍼론치노를 같이 넣어주세요.

> **묵키레친's 케토 노트**
> 지방 함량이 부족하다 느껴지시면 적당한 오일(들기름, MCT 오일, 올리브 오일)을 만능 간장과 섞어 채소와 고기를 찍어 드세요.

 4인분

치즈 닭갈비

매콤한 닭과 치즈는 정말 잘 어울리죠.
만능 양념장만 있으면 정말 간단하게 만들 수 있답니다.
만능 양념장이 없다면 대체 재료를 이용해 만들어 보세요.

재료
닭다리살 500g
양파 100g
대파 100g
양배추 200g
청고추, 홍고추 50g

치즈 250g

양념
만능 양념장 3Ts
액젓 1Ts
소금 1ts
후춧가루 약간

만능 양념장이 없으면
고춧가루 3Ts
국간장 2Ts
액젓 1Ts
알룰로스 2Ts
다진 마늘 1Ts
다진 생강 1ts
청주 1Ts
후춧가루 약간

밑재료 준비하기!
모든 채소를 4cm 크기로 썰어줍니다.

무니키친's 키토 노트
본인에게 맞는 탄수화물 양을 조절해 떡을 조금 넣어도 좋아요.

1. 양념장 재료를 골고루 섞은 후 닭다리살에 버무려줍니다.
2. 썰어놓은 채소를 함께 살살 버무려줍니다.
3. 예열된 팬에 2.를 넣고 볶아줍니다.
4. 닭다리살이 불투명해지고 결대로 찢어지면 볶은 채소와 닭갈비를 안쪽으로 모으고 치즈를 가장자리에 뿌려줍니다.
5. 뚜껑을 덮고 치즈가 녹을 때까지 기다립니다.

채소를 너무 세게 버무리면 채소가 부서지니 살살 다뤄 주세요.

채소의 수분이 늦게 나오거나 양념이 타면 물을 조금 넣어주세요.

제육강정

3인분

밑재료 손질 23p
만능 간장 36p

돼지고기를 사용해 쫄깃하고 달콤한 식감을 살렸습니다.
닭강정과 탕수육의 중간 정도의 맛 정도로 표현할 수 있어요.
글루텐 프리 전분을 최소한으로 사용하여 만들었습니다.

재료	밑간	반죽	양념 재료	필요 도구
돼지고기 앞다리살 600g	청주 1Ts	타피오카 전분 4Ts	만능 간장 3Ts	지퍼백
올리브 오일 200ml	다진 마늘 1Ts	올리브 오일 1Ts	소금 1ts	
청양고추 1개	다진 생강 1ts		알룰로스 3Ts	
대파 50g	간장 3Ts			

1. 돼지고기는 먹기 좋은 크기로 잘라 지퍼백에 담은 후, 밑간 재료를 넣고 주물러 30분 동안 재워둡니다.
2. 지퍼백에 타피오카 전분과 올리브 오일을 넣고 주물러 섞어줍니다.
3. 팬에 올리브 오일을 두른 뒤 160℃로 올리고 돼지고기를 굽듯이 튀깁니다.
4. 수분이 완전히 나와 바삭해질 때까지 한 번 더 튀긴 후 한 김 식혀줍니다.
5. 팬에 양념 재료를 모두 넣어 섞은 후 끓여줍니다.
6. 팬 가장자리에 기포가 생기면 불을 끄고 튀긴 돼지고기를 넣고 버무립니다.
7. 청양고추와 대파를 다져 제육강정에 골고루 섞어줍니다.

밑재료
손질
23p

4인분

바싹불고기

국물 없이 떡갈비 같은 질감의 불고기입니다.
곤약밥과 함께해도 좋지만 샐러드로 활용하거나 빵과 함께 햄버거로 활용해도 좋아요.
짭조름한 맛과 구운 고기 맛이 누구나 좋아할 만한 요리입니다.

재료

불고기용 고기 500g
청주 1Ts
곱게 간 에리스리톨 2Ts
간장 4Ts
소금 1/2ts
양파 1/2개(100g)
대파 50g
마늘 20g

필요 도구

키친타월

밑재료 준비하기!

불고기용 고기 또는
샤브샤브 고기를 준비합니다.

1.
고기의 핏물을 키친타월로 제거합니다.

2.
고기를 칼등이나 고기 망치로 두드려 부드럽게 합니다.

3.
청주, 에리스리톨, 간장, 소금을 섞은 후 고기를 재웁니다. 채소를 다져 준비합니다.

4.
다진 채소를 주물러 섞어주세요.

5.
예열한 팬에 고기를 동그랗게 빚어 올립니다.

6.
납작하게 눌러 구워줍니다.

익으면서 가운데가 부풀어 오르면 납작하게 눌러주세요.

나의 레시피 메모

밑재료 손질 23p

2~3인분

스텐팬 달걀말이

무니키친's 케토 노트
달걀물을 섞을 때는 너무 많이 젓지 않아도 됩니다. 한국식 달걀말이는 많이 섞지 않아요.

재료

달걀 7개
베이컨 50g
대파 30g
소금

후추
기름 조금(달걀말이에 씁니다. 올리브 오일을 추천해요.)

필요 도구

스테인리스 팬
(이하 스텐팬)

밑재료 준비하기!

달걀을 소금 약간, 후추 약간과 함께 잘 풀어주세요.
대파와 베이컨은 잘게 다져줍니다.

무니케친's 케토 노트

꼭 볶는 순서를 지켜주셔야 더욱 맛있는 달걀말이가 됩니다.

1.
베이컨을 먼저 볶아 기름을 내고, 그 기름에 대파를 넣고 숨이 죽을 때까지 함께 볶아요.

2.
잘 볶아진 베이컨과 대파를 달걀물에 넣어 섞어줍니다.

3.
스텐팬을 달궈줘요.
달궈진 스텐팬에 기름을 두르고 약불로 줄인 뒤 달걀물을 조금씩 부으며 말아줍니다.

약불로 줄여야 재료가 타지 않습니다.

달걀물이 많으면 조금씩 당겨서 구워줍니다.

4.
달걀물을 새로 부을 때는 키친타월로 기름을 조금씩 바르며 구워주세요.

5.
두툼해질 때까지 여러 번 반복하면 완성!

키토식 팁!
스테인리스 팬

물을 떨어뜨렸을 때 물방울이 구슬처럼 굴러다니면 예열이 충분히 된 상태입니다.

밑재료 손질 23p 만능 간장 36p

2인분

연어포케

느끼한 음식에 질렸을 때 상큼하게 먹을 수 있는 연어 포케를 소개합니다.
이 레시피에 들어가는 와사비 간장 소스는 모든 고기 요리에 활용할 수 있어요.

재료
연어 150g
치커리 100g
아보카도 1개
양파 30g
당근 30g
자색 양배추 30g
무순 20g
묵은지 30g

와사비 간장 소스
만능 간장 3Ts
(간장 30ml + 감미료 15g.)
식초 1Ts
레몬즙 1Ts
다진 파 1ts
다진 마늘 1ts
다진 생강 1ts
와사비 1ts
아보카도 오일 4Ts

밑재료 준비하기!
와사비 간장 소스의 재료를 잘 섞어서 드레싱을 만들어주세요.

1.
양파, 당근, 양배추, 묵은지는 모두 채썰어 두시고, 아보카도도 슬라이스를 해둡니다.

2.
연어는 먹기 좋은 크기로 잘라 말아서 연어 꽃을 만들어 놓으세요.

3.
그릇에 치커리를 뜯어 담고 드레싱을 뿌려주세요.

4.
모든 재료를 둘러 플레이팅합니다.

밑재료 손질 23p

🍽 3인분

브로콜리 치즈 수프

추운 겨울에 생각나는 진하고 꾸덕한 느낌의 브로콜리 치즈 수프입니다.
생크림과 파르메산 치즈가 들어가 진하고 고소한 맛이에요.

재료

브로콜리 300g 생크림 100g
양파 1/4개   우유 300ml
마늘 3톨   파르메산 치즈 30g
버터 10g

밑재료 준비하기!

양파는 채썰고
마늘은 다져놓습니다.

> 마지막에 곁들일 브로콜리 몇 조각은 따로 놔둡니다.

1. 브로콜리는 살짝 데쳐놓습니다.
2. 팬에 버터를 녹이고 양파와 마늘을 반투명해질 때까지 녹여줍니다.
3. 생크림과 우유를 넣고 살짝 끓여줍니다.
4. 가장자리에 기포가 생기기 시작하면 브로콜리를 다져 넣고 3분 정도 더 끓여줍니다.
5. 파르메산 치즈로 수프의 농도를 조절해줍니다.
6. 그릇에 담고 따로 놔둔 브로콜리 조각 위에 얹어 마무리합니다.

> 브로콜리는 칼로 잘게 다지거나 핸드믹서, 블렌더에 넣고 갈아도 좋습니다.

🍽 2~3인분

양송이 수프

아침 식사로 좋은 부드럽고 고소한 느낌의 양송이 수프입니다.
버섯은 필수 아미노산, 비타민, 미네랄이 풍부하여 여러 건강상의 이점을 줍니다.
양송이 외에도 다양한 버섯을 활용해보세요.

재료
- 올리브 오일
- 양파 1/2개
- 양송이 버섯 300g
- 채소 육수 150ml
- 생크림 150ml
- 소금, 후추 (선택)
- 파르메산 치즈 (선택)
- 파슬리 약간 (선택)

필요 도구
- 핸드믹서

밑재료 준비하기!
- 양파는 작게 다지고
- 양송이 버섯은 5mm 두께로 썰어줍니다.

1. 올리브 오일을 넉넉히 두른 팬 위에 다진 양파를 넣고 볶아줍니다.
2. 양파의 색이 갈색으로 변하면 양송이 버섯을 넣고 소금 간을 한 후 3분 이상 볶아줍니다.
3. 2.의 팬에 채소 육수를 부으며 끓입니다.
4. 한소끔(잠시간) 끓어오르면 중약불로 줄인 후 5분 이상 충분히 끓입니다.
5. 4.를 핸드믹서로 곱게 갈아줍니다.
6. 5.에 생크림을 붓고 가장자리에 찬 거품이 올라올 때까지 살짝 끓입니다.
7. 소금으로 간을 한 후 수프에 따로 구워 놓은 버섯, 다진 파슬리를 올리고 파르메산 치즈도 갈아 올려서 마무리합니다.

> 플레이팅용 버섯 몇 조각은 따로 구워두세요.

> 농도는 여분의 채소 육수로 조절하세요.

> 취향에 따라 후추를 첨가해도 좋아요.

베이컨 양배추 수프

 2~3인분

추운 날 속을 따뜻하게 해주는 수프입니다.
양배추와 베이컨의 조합이 잘 어울려 누구나 좋아하고 조리법도 간단해서 누구나 쉽게 만들 수 있어요.
익숙하지 않은 맑은 수프지만 한 번 맛보면 계속 만들게 되는 매력적인 수프입니다.

재료

베이컨 50g
양파 100g
다진 마늘 1Ts
양배추 200g

양송이버섯 50g
치킨스톡 1/2Ts
(국간장 1Ts로 대체 가능)

소금 약간
후추 선택

밑재료 준비하기!

베이컨은 1cm 두께로 썰어둡니다.
양파는 가늘게 채썰어둡니다.
양배추는 2cm 크기로 썰어둡니다.
양송이 버섯은 모양을 살려 5mm로 잘라둡니다.

1. 썰어둔 베이컨을 기름을 두르지 않은 팬에 볶아줍니다. 베이컨이 갈색으로 구워지면 베이컨을 따로 담아둡니다. *기름은 충분히 남겨두세요.*
2. 베이컨 기름에 장식용 양송이 버섯을 구운 후 따로 담아둡니다.
3. 다진 마늘과 채썬 양파를 베이컨 기름에 투명해질 때까지 볶아줍니다.
4. 양배추를 3.에 넣고 투명해질 때까지 볶다가(3분 이상) 약간의 소금을 넣고 더 볶아줍니다.
5. 따뜻한 물을 조금씩 넣으며 끓여줍니다. *따뜻한 물을 조금씩 섞어야 기름과 분리되지 않습니다.*
6. 끓어오르면 치킨스톡으로 간을 합니다.
7. 오목한 그릇에 수프를 담고 2.에서 구워둔 양송이 버섯을 올리면 완성입니다. *기호에 따라 후추를 추가해 주세요.*

키토식 팁! 치킨스톡

이 책에서 사용한 치킨스톡은 '청정원 액상 치킨스톡'입니다. 첨가물이 걱정이라면 치킨스톡 정량의 두 배만큼 국간장으로 대체해주세요.

이번 요리 레시피는 다이어트의 가장 큰 적, **간식**이에요.
늘 입에 달고 싶지만 짜고 달고 자극적인 간식을 키토식으로 개량했어요.
제 몸에 알맞은 지방과 당으로 맛과 포만감을 살렸어요.

CASE 3

하루 한 번 간식도 먹고 싶어요!

🍽 3인분

단호박 에그슬럿

이 단호박 에그슬럿은 전자레인지로 간단하게 조리해서 편해요.
단호박의 자연스러운 달콤함과 치즈의 짭짤함이 잘 어울린답니다.

재료

단호박 1개
달걀 1개
모짜렐라 치즈 70g
소금 (선택)
후추 (선택)
크러쉬드 레드페퍼 (선택)

필요 도구

전자레인지

1. 단호박은 전자레인지에 1분 이상 돌린 후 꼭지 부분을 돌려 땁니다.
2. 단호박을 거꾸로 뒤집어 전자레인지에서 5분 이상 완전히 익힙니다.
3. 단호박을 꺼낸 뒤 달걀을 깨트려 넣고 소금을 한 꼬집 뿌린 후 치즈로 입구를 막아줍니다.
4. 전자레인지에서 3분 이상 익힙니다.
5. 접시에 담은 후 후추, 크러쉬드 레드페퍼 등을 뿌립니다.

전자레인지 성능과 단호박 크기에 따라 조리 시간을 늘려주세요.

키토식 팁! 단호박

단호박은 탄수화물 함유량이 100g당 약 7g입니다.
또 베타카로틴 함유량이 높고 미네랄, 식이섬유도 풍부해 좋은 당질 공급원이 됩니다.

🍽 3인분

감동란

소금과 달걀만 있으면 간단하게 집에서 만들 수 있는 편의점 인기메뉴 감동란입니다.
맛도 있지만 보관 기간도 길어서 좋아요.
완성된 소금 절임 달걀은 껍데기도 잘 벗겨지고 소금을 따로 찍지 않아도 짭조름해서 맛있어요.

재료

달걀 6개
소금 5Ts
물 350ml

1.
소금 5Ts에 뜨거운 물 100ml를 넣어 충분히 녹인 후 실온의 물 250ml에 붓고 잘 섞어주세요.

> 완성된 소금물은 꼭 차갑게 냉장고에 넣어두세요.

> 무니키친's 키토 노트
> 이때 물에 소금 1Ts, 식초 1Ts를 넣어주면 냉장고에서 바로 꺼낸 달걀도 깨지지 않고 잘 삶아져요.

2.
냄비에 달걀이 충분히 잠길 정도의 물을 넣고 끓여줍니다.

> 무니키친's 키토 노트
> 삶을 때 달걀을 굴려주면 노른자가 가운데로 예쁘게 자리 잡아요.

3.
물이 끓으면 달걀을 조심해서 넣어주세요.
실온의 달걀은 6분 30초간 삶아주세요.

> 냉장고에서 바로 꺼낸 달걀은 1분 더 삶아주세요.

4.
냉장고에 넣어둔 차가운 소금물에 뜨거운 달걀을 바로 넣어 줍니다.

온도 차이로 소금 간이 잘 스며듭니다.

5.
12시간 동안 냉장고에서 숙성시켜주면 완성이에요.

나의 레시피 메모

🔔 5~6인분

찜질방 달걀

구운 달걀, 맥반석 달걀이라고도 부르죠.
밀프렙으로, 간식으로 추천합니다.

재료
달걀 10~12개

필요 도구
압력솥
찜기

1.
달걀은 깨끗하게 씻어주세요.

2.
압력솥에 물을 붓고 찜기를 올린 후, 달걀을 넣고 5분간 익혀줍니다.

3.
압력추가 올라가면 약불로 줄이고 1시간 이상 더 익혀주면 완성입니다.

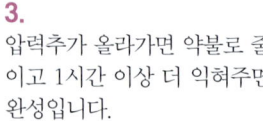

머니키친's 키토 노트
에그 패스팅 (달걀단식)으로 드셔보세요. 일반 삶은 달걀보다는 덜 질리실 겁니다.

마약 달걀

3인분

간단하고 맛있는 마약 달걀입니다.
자극적이지 않은데 자꾸 손이 가는 맛이에요.
밥도둑인 마약 달걀을 간식으로도 즐겨보세요!

밑재료 손질 23p | 만능 간장 36p

무니키친's 키토 노트
고추씨는 제거하지 않아도 괜찮지만 검게 변한 씨는 사용하지 않아요. 피망과 파프리카는 달라요. 피망이 수분이 더 적어 이 요리에 적합해요.

재료

달걀 6개
만능 간장 200ml
 (또는 양조간장 150ml+
 물 50ml+감미료 40~70g)
물 100ml
대파 1줄기
마늘 20g
청고추 2개
홍피망 1/2개

밑재료 준비하기!

대파는 반으로 길게 갈라 다져줍니다.
고추도 세로로 길게 잘라 다져주세요.
마늘과 홍피망도 잘게 다져주세요.
달걀은 본인에 알맞게 삶아줘요!

1.
삶은 달걀은 찬물에 담가 열기를 식힌 후 껍데기를 벗겨주세요.

> 숨구멍부터 벗겨줍니다. 껍데기와 흰자 사이에 흐르는 물을 집어넣는다고 생각하면 매끈하게 벗길 수 있어요.

2.
만능 간장에 물을 넣고 한 번 끓여줍니다.
끓인 간장물은 밀폐 용기에 담아주세요.

무니키친's 키토 노트
> 마늘과 파를 먼저 넣어야 향이 우러나요. 고추와 피망을 나중에 넣어야 색바램이 없습니다.

3.
간장물에 열기가 남아 있을 때 마늘, 대파 순서로 넣고 섞어줍니다.
간장의 온도가 살짝 떨어지면 청고추, 피망을 넣어주세요.

4.
껍질을 벗긴 달걀을 넣고 12시간 숙성하면 완성입니다!

2인분

소치소치

휴게소 인기음식 소떡소떡의 키토제닉 다이어트 버전입니다.
떡 대신 고소한 치즈를 넣어 고소하면서 쫄깃한 식감을 살렸어요.
가끔 간식이 생각날 때 만들어 먹기 좋아요.

재료
- 비엔나 소시지 9개
- 구워 먹는 치즈 140g
- 꼬치 3개

소스
- 양조 간장 1Ts
- 고추장 1Ts
- 알룰로스 1Ts
- 케첩 2Ts
- 다진 마늘 1ts
- 통깨(선택)
- 파슬리(선택)

1.
비엔나 소시지는 포크로 찌르고 치즈는 소시지와 비슷한 크기로 잘라둡니다.

무니케친's 케토 노트
수용성 합성 첨가물을 빼내기 위한 과정입니다.

2.
비엔나 소시지를 뜨거운 물에 담가둡니다.

무니케친's 케토 노트
저탄수화물 고추장을 활용해도 맛있어요!

3.
소스 재료를 섞어줍니다.

4.
꼬치에 소시지→치즈→소시지→치즈→소시지 순서로 끼워 준비합니다.

5. 팬에 꼬치를 노릇하게 구워줍니다.

통깨나 파슬리를 뿌리면 더욱 먹음직스러워져요.

6. 소스를 발라가며 구워주면 완성입니다.

나의 레시피 메모

6회분

홈메이드 그래놀라

그냥 먹어도 맛있지만, 요거트에 곁들여 먹으면 더 맛있는 저탄수 그래놀라입니다.
내가 원하는 재료를 골라 취향대로 만들어 먹어요.

재료

- 아몬드 100g
- 호두 65g
- 피스타치오 30g
- 밀기울 30g
- 코코넛 가루 20g
- 치아시드 10g
- 카카오닙스 10g
- 말린 아로니아 20g
- 코코넛 오일 50g
- 코코넛 버터 25g
- 알룰로스 35g
- 스워브 15g
- 럼주 20ml

필요 도구	밑재료 준비하기!
오븐 유산지	**견과류**(아몬드, 호두, 피칸, 피스타치오)는 잘게 다져줍니다.

1. 말린 아로니아에 럼주를 부어 절여줍니다.

2. 팬에 코코넛 오일, 코코넛 버터, 알룰로스, 스워브를 넣고 녹을 때까지 저어주세요.

3. 녹인 버터에 피스타치오를 제외한 견과류, 코코넛 가루, 치아시드, 카카오닙스, 밀기울을 넣고 섞어줍니다.

4. 럼에 재워둔 아로니아는 체에 걸러 럼을 제거하고 같이 섞어줘요.

5. 오븐 팬에 유산지를 깔고 잘 섞은 견과류를 넓게 펼쳐줘요. 150℃로 예열한 오븐에 20분간 구워주세요.

6. 한 김 식힌 그래놀라에 피스타치오를 넣고 섞어주면 완성입니다.

무니키친's 키토 노트
피스타치오는 오븐에 같이 굽지 않고 제일 나중에 섞어야 푸른 색의 색감을 살릴 수 있어요.

나의 레시피 메모

8회분

홈메이드 그래놀라 (바닐라 버전)

겉은 꾸덕하고 안은 바삭해요. 시중에 파는 '맛동산' 과자와 비슷한 식감이에요.
요거트나 아이스크림, 샐러드 토핑으로 활용할 수 있어요.
오븐 조리를 빼고는 10분도 걸리지 않아요.

재료

- 코코넛 오일 35g
- 알룰로스 70g
- 바닐라빈 1개
- 견과류 또는 씨앗 480g
- 소금

필요 도구

- 오븐
- 유산지

저는 호두 100g, 마카다미아 80g, 아몬드 100g, 호박씨 100g, 해바라기씨 100g을 사용했어요.

1.
견과류는 적당한 크기로 잘라줍니다.

무니키친's 키토 노트
너무 작게 자르면 가루가 많이 나와요. 각자 먹기 좋은 크기로 손질합니다.

2.
달궈진 팬에 코코넛 오일을 넣고 잘 녹인 후 알룰로스를 넣어 섞어주세요.

3.
바닐라빈의 씨를 긁어 넣고 바닐라 향이 잘 우러나도록 살짝 끓여줍니다.

무니키친's 키토 노트
바닐라빈이 없다면 바닐라 익스트랙을 사용해도 됩니다.

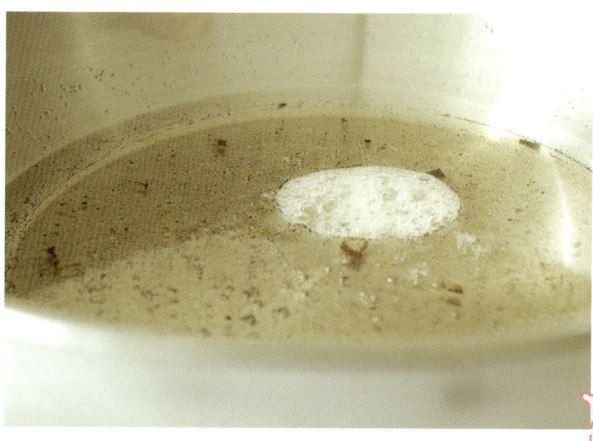

4.
팬의 불을 끄고 견과류를 잘 섞은 후 소금으로 살짝 간을 해줘요.

5.
오븐 팬에 유산지를 깔고 견과류를 넓게 펼쳐주세요.

6.
165℃로 예열한 오븐에 15~25분간 구워주세요.

> **무니키친's 키토 노트**
> 방부제를 넣지 않아서 보관 기간이 길지 않아요. 산패하기 전에 빨리 드세요.

7.
한 김 식힌 그래놀라는 밀폐 용기에 보관하면 완성입니다.

나의 레시피 메모

🍽 **10회분**

팻밤 초콜릿

초콜릿은 살찌게 한다는 오해!
사실 초콜릿은 식욕 억제에 도움을 줘서 다이어트에 좋아요. 문제는 초콜릿에 들어 있는 '당'인 거죠.
'살 빠지는' 팻밤 초콜릿을 만들어봐요.

재료

코코넛 오일 100g
카카오 파우더 110g
쿠앵트로 15ml
(혹은 바닐라 익스트랙 10ml)
스테비아 25방울
소금 3g
카카오닙스 10g

필요 도구

실리콘 용기
(냉동고 얼음 용기)

1.
달궈진 팬에 코코넛 오일을 넣고 녹을 때까지 잘 저어줍니다.

2.
불에서 내린 후 카카오 파우더를 넣고 섞어주세요.
쿠앵트로, 스테비아를 넣고 섞어줍니다.

키토식 팁!
초콜릿

초콜릿은 초콜릿 그 자체보다도 그 안에 함유된 '당' 때문에 건강에 좋지 않답니다. 사실 카카오에는 생각보다 많은 단백질이 함유되어 있고 다량의 폴리페놀 성분은 충치 예방, 항산화 등에 도움이 돼요. 팻밤에 들어가는 코코넛 오일의 중쇄 지방산은 체내에서 케톤체로 바뀌어 지방 대사에 도움을 주기도 하고요. 초콜릿을 드시고 싶다면 건강하고 착한 초콜릿을 만들어 먹기로 해요.

무니케친's 키토 노트

카카오에는 칼륨 성분이 많아요. 칼륨과 짝꿍인 나트륨으로 미네랄 밸런스를 맞춰주고 소금의 감칠맛이 단맛을 끌어올려줘요.

3.
잘 섞은 초콜릿은 취향에 맞는 모양의 실리콘 용기에 부어주세요.
그 위에 카카오닙스와 소금을 조금 올려줍니다.

4.
냉동실에서 1시간 굳혀주면 완성이에요.

나의 레시피 메모

3가지 맛 큐브 치즈

5회분

키토제닉, 저탄고지 다이어트 중에도 간식이 먹고 싶을 때가 있죠.
입이 심심할 때 먹을 수 있는 저탄수화물 간식 3가지 맛 큐브 치즈입니다.
짭짤, 고소, 새콤 3가지 맛을 다 갖췄어요. 여러분의 취향에 맞게 만들어보세요!

무니키친's 키토노트
자연 치즈 함유량이 높은 치즈를 활용해주세요. 아기용 치즈가 알레르기 유발 위험이 적어 좋습니다.

재료

슬라이스 햄 2~3장
구운 김 1장
말린 토마토 40g
치즈 7장

후추(선택)
레드페퍼(선택)

무니키친's 키토 노트

햄은 분쇄육보다는 통고기, 그리고 돈육 함량이 높은 것이 좋아요.

토치로 구워줘도 좋아요.

1.
햄의 수분을 제거하기 위해 기름을 두르지 않은 팬에 구워줍니다.

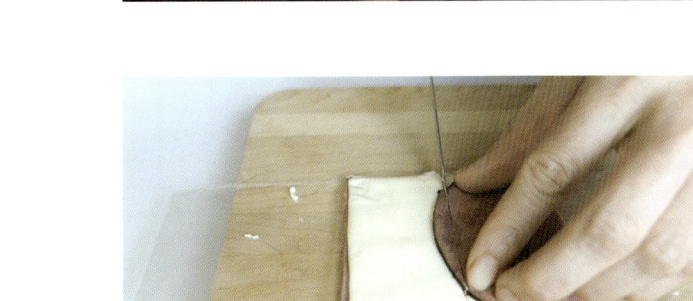

2.
치즈 비닐을 벗겨 그 위에 햄을 올리고 치즈 크기에 맞게 햄을 잘라주세요.
그 위에 다시 치즈를 올리고 햄을 올리는 과정을 3~4번 반복해주세요.

3.
마지막으로 치즈를 다시 올리고 치즈 비닐로 감싼 뒤 꼭 눌러서 접착합니다.
먹기 좋은 큐브 모양으로 잘라주면 하나가 완성됐어요.

4.
구운 김도 햄과 같은 과정으로 만들어주세요.

5.
말린 토마토는 지퍼백에 넣고 밀대를 이용해 밀어줍니다. 치즈 위에 말린 토마토를 얇게 펼치고 같은 과정으로 만들어요.

취향에 따라 후추, 레드페퍼를 넣어주세요.

나의 레시피 메모

🍽 5인분

키토 요거트

실패하지 않는 요거트 만드는 법입니다.
요거트는 장 건강에 도움을 주는 다이어트에 좋은 식품입니다.
하지만 시판 요거트, 특히 각종 과일맛 요거트에는 당분이 많이 함유되어 있어요.
이 레시피로 집에서 건강한 요거트를 만들어보세요.

무니키친's 키토 노트

캐피어 유산균을 활용하면 프로바이오틱스 유산균보다 더 시큼하고 꾸덕한 맛을 낼 수 있어요.

재료

우유 1L
유산균 5g

필요 도구

발효기

1.
우유 1L를 80℃까지 끓였다가 30℃까지 식혀줍니다.

일반 우유로 만드는 걸 추천해요.

무니케친's 키토 노트
유당이 제거된 우유는 유산균의 먹이가 적어서 발효가 느릴 수 있어요. 저지방 우유는 꾸덕함이 덜해요.

2.
요거트를 담을 용기는 뜨거운 물로 소독해주세요.

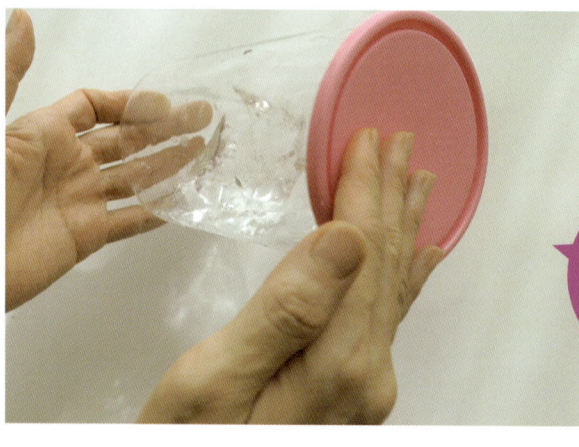

이 과정을 생략하면 실패할 가능성이 있습니다.

3.
끓인 후 식힌 우유 100ml에 유산균 5g을 넣고 잘 섞어줍니다.

4.
나머지 우유 900ml를 부어주세요.

5.
발효기에 넣고 24~36시간 정도 발효시켜줍니다.

발효 온도는 40℃가 적당해요.

무니케친's 키토 노트
발효기 대신 밥솥, 오븐, 전기요, 보냉백 등으로 대체할 수 있어요.

6.
더 꾸덕한 그릭 요거트를 만들고 싶다면 체에 면포를 얹고 요거트를 부어 수분을 제거해주세요.
24시간 정도 두면 수분이 400ml 정도 빠진 그릭 요거트가 완성됩니다.

무니케친's 키토 노트
요거트를 보관할 유리병을 소독해주면 더 오래 보관할 수 있어요.

나의 레시피 메모

저는 커피에서 손을 뗄 수 없어요.
초코라떼도 정말 좋아하구요.
하지만 건강한 생활을 위해 당과 탄수와의 전쟁 또한 계속해왔죠.
걱정하지 마세요.
세상에는 다양한 먹을 것들이 있고
내 몸에 좋은 성분과 내 손으로 만들 수 있는 레시피도 다양해요.
집에서도 손쉽게 여느 카페의 음료를 맛볼 수 있는 살 빠지는 **키토 카페**를 소개합니다.

CASE 4

나를 위한 키토 카페, 어떠세요?

🔔 1인분

원두 로스팅

집에서도 10분~20분만 투자하면 핸드드립 전문점 못지 않은 커피를 저렴하게 드실 수 있습니다.
생두를 직접 사서 로스팅해보세요.
신선하고 향기로운 커피를 즐길 수 있습니다.

재료	필요 도구	준비하기
생두	오븐	오븐을 210℃로 예열해둬요.

1.
생두를 넓게 퍼뜨린 후 결점두를 골라냅니다.

> 로스팅에 있어서 매우 중요합니다. 썩은 생두, 깨진 생두, 지나치게 작은 생두 등을 골라주세요.

2.
나머지 생두를 오븐 판에 넓게 편 뒤, 190℃의 오븐에서 10분을 둡니다.
이때 1차 팝핑이 일어납니다.

3.
2차 팝핑이 끝나고 1분 뒤에 오븐을 열어 식혀줍니다.

> 이 과정에서 연기가 많이 날 수 있으니 꼭 환기해 주세요.

4.
젖은 수건에 원두를 문질러 은피를 벗겨주세요.
3~5일 말리면 원두의 맛과 향이 골고루 퍼지고 가스가 빠집니다.

원두
로스팅
208p

🍽 1인분

핸드드립 커피

향기롭고 맛있는 커피!
집에서 만들어 드세요.

재료	필요 도구	밑재료 준비하기!
원두 10~15g	그라인더 필터	따뜻한 물을 준비해요. 커피를 내리는 적정 물 온도는 75~85℃입니다.

1.
그라인더에 원두를 갈아주세요.

1인은 10~15g의 원두가 적당해요!

2.
컵에 필터를 접어 끼고 린싱을 해줍니다. 린싱한 물은 버려주세요.

3.
필터 위에 원두를 올리고 따뜻한 물을 가느다란 물줄기로 살포시 따라줘요.

4.
가스가 빠지면서 부풀어 올라요. 추출된 커피가 완성됐습니다.

 1인분

다이어트 아인슈페너

심플한 재료와 심플한 레시피!
하지만 맛은 중독성 있는 아인슈페너입니다.
부드러운 크림과 진한 커피가 무척 잘 어울려요.

재료

생크림 90ml
에리스리톨 11g
인스턴트 커피 2g
90% 다크 초콜릿 10g(선택)

얼음 1/2컵

필요 도구

우유 거품기

1.
인스턴트 커피를 따뜻한 물을 조금 넣고 녹여줍니다.

무니키친's 키토노트
동물성 생크림은 많이 휘핑하면 거칠어져요.

끈끈한 느낌이 들면 휘핑을 멈춰줘요.

2.
생크림에 에리스리톨을 곱게 갈아 넣고 우유 거품기로 휘핑해줍니다.

커피 취향에 따라 물을 더 넣어주세요.

3.
컵에 얼음을 적당량 담고 녹인 커피를 넣어줍니다.

다크 초콜릿은 취향에 따라 곁들여주세요.

4.
그 위에 생크림을 올려주면 완성입니다.

짤주머니
216p

🍽 1인분

다이어트 모카 프라푸치노

무더운 여름, 고된 다이어트에 지쳤다면 모카 프라푸치노를 추천합니다.
한 잔만 마셔도 시원하고 든든합니다.
키토식으로 만들어서 식욕 조절에 도움이 됩니다.

재료

인스턴트 커피 2ts
카카오 파우더 3ts
에리스리톨 18g
알룰로스 취향껏

따뜻한 물 60cc
90% 다크 초콜릿 20g(2조각 정도)
얼음 1컵
아몬드 밀크 1컵

생크림 150ml
초콜릿 1조각(장식용)

필요 도구

우유 거품기
믹서기
짤주머니

1.
인스턴트 커피, 카카오 파우더, 에리스리톨 6g에 따뜻한 물 60cc를 넣고 잘 녹여줍니다.

2.
생크림에 에리스리톨 12g을 넣고 우유 거품기로 휘핑해줍니다.

3.
깍지를 끼운 짤주머니에 휘핑한 생크림을 넣고 냉장고에 보관해주세요.

무니키친's 키토 노트
단맛을 더하고 싶다면 알룰로스를 취향껏 추가해주세요.

씹히는 맛이 싫다면 생략해주세요.

4.
믹서기에 얼음 1컵, 녹인 커피, 아몬드 밀크 1컵을 넣고 잘 갈아줍니다.
다크 초콜릿 20g을 넣고 갈아주면 자바칩 프라푸치노가 됩니다.

5.
잘 갈아진 프라푸치노를 컵에 담고 짤주머니로 휘핑크림을 올려줘요.

다크 초콜릿 한 조각을 갈아 장식해주면 완성이에요.

키토식 팁!
짤주머니 만들기

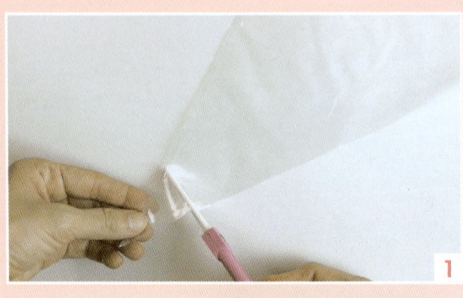

1. 삼각 비닐의 모서리를 잘라주세요.
2. 깍지가 잘라낸 모서리에 꼭 들어맞게 넣어주세요.
3. 취향에 따라 깍지를 고르고 생크림 등을 넣어 사용해주세요!

짤주머니
216p

1인분

다이어트 그린티 프라푸치노

카페인 양이 커피의 1/4인 녹차로 유명 카페의 '그린티 프라푸치노'를 키토 스타일로 만들었어요.
달콤쌉싸름한 맛과 오도독 씹히는 초콜릿의 질감이 완전 맛있어요.

재료

아몬드 밀크 200ml
녹차(말차) 가루 6g
스워브 20g
코코넛 버터 10g

MCT 오일 10g
생크림 200ml
90% 다크 초콜릿 10g(한 조각 정도)
얼음 500ml

필요 도구

전자레인지
믹서기
우유 거품기
짤주머니

1.
아몬드 밀크는 전자레인지에 따뜻하게 데워줍니다.
(65℃ 정도)

2.
데워진 아몬드 밀크에 코코넛 버터, MCT 오일, 스워브 10g, 녹차 가루를 넣고 믹서기에 갈아줘요.

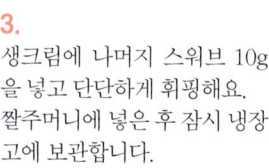

무니키친's 키토 노트

믹서기에 갈아 유화시켜야 얼음을 넣은 후에도 기름이 분리되지 않아요.

3.
생크림에 나머지 스워브 10g을 넣고 단단하게 휘핑해요. 짤주머니에 넣은 후 잠시 냉장고에 보관합니다.

4.
다크 초콜릿은 칼로 다져 놓아요.

5.
유화시킨 액체에 얼음을 넣고 갈아주세요.
잘 갈아진 프라푸치노를 컵에 담고 짤주머니로 휘핑크림을 올려줘요.

6.
다진 다크 초콜릿을 올려 마무리합니다.

베트남 에그 커피

방탄커피가 지겹다면 부드럽고 달콤한 베트남 에그 커피를 드셔보세요.
쌉쌀한 커피와 진하고 꾸덕꾸덕한 에그 크림의 조화가 환상적이에요.

재료

달걀 2개
전지분유 10g
(혹은 코코넛 밀크 파우더 10g)
스워브 5g
인스턴트 커피 2팩
계피 가루 약간

필요 도구

휘퍼

1.
달걀을 따뜻한 물에 담가두세요.

> 달걀노른자는 따뜻할 때 휘핑이 잘돼요.

2.
전지분유와 따뜻한 물을 1:1 비율로 섞어 무설탕 연유를 만들어줍니다.

> 스푼에서 한 방울씩 떨어지면 적당한 농도입니다.

3.
달걀노른자에 스워브를 넣고 무설탕 연유를 넣어주세요.

4.
휘퍼로 섞어주세요.
휘퍼를 들어 올릴 때 뿔이 금방 사라지지 않으면 완성입니다.

5.
인스턴트 커피 2팩에 70℃의 따뜻한 물을 붓습니다.
잔 받침에도 따뜻한 물을 부어 줘요.

무니키친's 키토 노트
커피를 오래 따뜻하게 드실 수 있어요.

커피는 취향에 맞게 준비해요!

6.
커피 위에 만들어둔 달걀 크림을 얹습니다.
기호에 맞게 계피 가루를 뿌려주면 완성!

무니키친's 키토 노트
원래의 에그 커피는 설탕과 연유가 많이 들어가서 당뇨, 대사장애, 다이어트에 좋지 않아요. 이 레시피를 활용하면 당류를 훨씬 적게 섭취할 수 있어요.

키토식 팁! 전지분유

유당이 들어있어 감미료를 추가하지 않아도 달콤해요! 유당을 꺼리신다면 코코넛 밀크 파우더로 대체합니다.

나의 레시피 메모

🍽 1인분

방탄커피

방탄커피는 간단하게 지방을 섭취할 수 있어 포만감을 주며 집중력에 도움을 줍니다.
그리고 인슐린을 자극하지 않아요.
취향에 맞는 커피로 내 맘에 쏙 들게 드세요.

재료		필요 도구
커피 200ml	MCT 오일 5ml	우유 거품기
버터 10g		

1.
커피 200ml를 준비해주세요.

커피는 취향에 따라 에스프레소, 드립, 인스턴트 모두 상관없습니다.

2.
뜨거운 커피에 버터와 MCT 오일을 넣어주세요.

3.
우유 거품기로 버터와 오일이 유화될 때까지 섞어주면 완성!

🍽 1인분

방탄커피(아이스)

방탄커피 레시피대로 만든 후
얼음 잔에 부어주세요.

재료

커피 200ml
버터 10g
MCT 오일 5ml
얼음 100ml

필요 도구

우유 거품기

1인분

키토 티라미수 라떼

부드럽고 달콤한 티라미수 라떼입니다.
티라미수를 대체해 먹을 수 있는 간단한 레시피예요.

재료

- 인스턴트 커피 3g
- 마스카포네 치즈 30g
- 생크림 70g
- 유당 제거(락토프리) 우유 70ml
- 에리스리톨 18g
- 카카오 파우더(취향껏)
- 얼음(취향껏)

필요 도구

우유 거품기

생크림은 2~3차례에 걸쳐 나눠서 부어주면 더 잘 섞여요!

1.
마스카포네 치즈와 생크림을 잘 섞어주세요.

2.
에리스리톨은 곱게 갈아 넣고 잘 섞어줘요.

3.
유당 제거(락토프리) 우유를 넣은 뒤 휘핑해줍니다.

4.
인스턴트 커피는 뜨거운 물을 조금 부어 잘 녹여주세요.
컵에 얼음을 넣고 커피를 부어 줍니다.

커피는 취향에 맞게 준비해요!

5.
그 위에 마스카포네 치즈 크림을 듬뿍 올려주세요.
카카오 파우더를 뿌려주면 완성입니다.

나의 레시피 메모

 1인분

키토 치즈폼 그린티

단짠단짠 치즈폼이 쌉싸름한 녹차와 잘 어울려요.
일반 밀크폼처럼 달고 부드러운 맛을 살렸어요.

재료

크림치즈 20g
생크림 80g
에리스리톨 9g
소금 2꼬집
녹차 가루 3g
얼음 100g
물 150ml

필요 도구

우유 거품기

1.
크림치즈와 우유를 잘 섞어줍니다.

> 크림치즈는 실온에 미리 꺼내두면 섞기 편해요.

2.
우유에 에리스리톨과 소금 2꼬집을 넣고 우유 거품기로 휘핑합니다.
끈끈한 느낌이 들면 휘핑을 멈춰요.

> 많이 휘핑하면 거칠어져요!

장식용 녹차 가루를 조금 남겨둬요. 취향에 따라 물을 더 넣어주세요.

3.
녹차 가루는 미지근한 물 50ml 정도에 2~3번 나누어 풀어줘요.
얼음을 담은 컵에 녹차 물을 풀어줍니다.

4.
치즈폼은 한 번 더 섞어 매끈하게 해둔 뒤 녹차 물 위에 살며시 부어주세요.
남은 녹차 가루를 살짝 뿌려 마무리합니다.

무설탕
딸기잼
47p

🍽 1인분

다이어트 딸기 크림 소다

무설탕 딸기잼으로 만든 시원한 딸기 크림 에이드입니다.
상큼한 딸기와 부드러운 크림, 시원한 탄산이 잘 어울려요.
아이들에게도 건강한 탄산음료입니다.

재료

무설탕 딸기잼 20g
로즈마리 한 줄기
탄산수 280ml
생크림 90g

에리스리톨 11g
딸기 1개(장식용)
얼음(취향껏)

필요 도구

우유 거품기

1.
생크림에 에리스리톨을 넣어 우유 거품기로 휘핑해줍니다.

2.
컵에 무설탕 딸기잼을 넣고 얼음을 적당량 올려줘요.

3.
로즈마리 한 줄기를 넣고 탄산수를 부어주세요.

드시기 직전에 잘 저어주세요.

4.
휘핑한 크림을 올려주고 마지막으로 딸기 한 알로 장식하면 완성입니다.

1인분

무설탕 딸기라떼

사랑하는 두 아이들에게 만들어주는 딸기우유입니다.
딸기는 저탄고지 식단을 하면서 제한적으로 먹을 수 있는 과일이에요.

재료

딸기 5알
알룰로스 10ml
우유 160ml

무니키친's 키토 노트
꼭지를 따서 씻으면 딸기의 수용성 비타민이 물에 씻겨집니다.

1.
딸기는 꼭지를 따지 않고 흐르는 물에 씻어요.
씻은 딸기는 체에 받쳐 꼭지를 따주세요.

무니키친's 키토 노트
믹서기로 갈면 영양소가 파괴되고 식감도 덜해져요.

2.
꼭지를 딴 딸기 3알은 스푼이나 포크로 으깨줍니다.

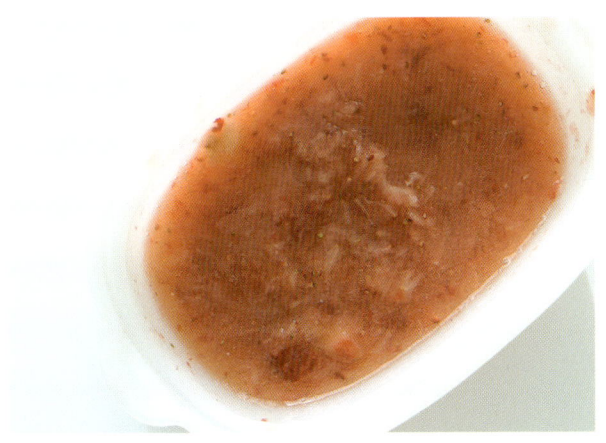

3.
알룰로스를 넣고 섞어주세요.

4.
나머지 딸기 2알은 작게 썰어 주세요.

버블티 빨대로 먹을 수 있는 정도가 좋아요.

5.
병에 으깨 놓은 딸기를 넣고 우유를 부어줍니다.

6.
작게 썬 딸기를 넣고 마무리 해요.

1인분

다이어트 초코라떼

당분을 줄인 건강한 초코 우유입니다.
유리병에 포장해서 아이들 학교 갈 때 한 병씩 챙겨주고 있어요.

재료

90% 다크 초콜릿 40g   얼음(선택)
락토프리 우유 320ml   생크림(선택)
알룰로스 40ml

필요 도구

우유 거품기

1.
유리병에 초콜릿을 넣어줘요. 락토프리 우유(유당 제거 우유) 100ml도 같은 유리병에 넣어줍니다.

무니키친's 케토 노트
다크 초콜릿은 설탕이 적게 함유되어 있고 미네랄 등의 영양 성분이 많아 두뇌 기능에도 도움을 줍니다.

취향에 따라 아몬드 밀크, 코코넛 밀크를 사용해도 됩니다.

2.
유리병을 전자레인지에 넣고 30초 정도 초콜릿을 녹여줘요. 우유 거품기로 초콜릿과 우유를 잘 섞어주세요.

3.
나머지 우유를 넣어주세요. 알룰로스를 넣고 잘 섞어주세요.

무니키친's 케토 노트
에리스리톨 등 다른 감미료를 사용하셔도 됩니다.

4.
유리병 뚜껑을 닫고 커피 필터를 뒤집어 씌어준 뒤 끈으로 묶어 포장합니다.

5.
취향에 따라 얼음, 생크림, 우유 거품을 곁들여 드세요.

나의 레시피 메모

※ 한때 유행하던 더티 커피 스타일로 만들었어요.

 1인분

방탄코코아

방탄커피를 드시고 싶은데 카페인 때문에 못 드시나요? 그럼 방탄코코아를 드셔보세요.
카페인 걱정 없이 시판 어느 초콜릿 음료보다 더 매력적입니다.
차가운 생크림과 뜨거운 코코아가 찰떡 궁합이에요.

재료

코코넛 밀크 200ml
(아몬드 밀크로
대체 가능)

카카오 파우더 10g
스워브 15g
버터 10g

MCT 오일 10g
생크림 100ml

필요 도구

핸드믹서

무니키친's 케토 노트
인덕션 우유 거품기를 쓰셔도 좋아요.

1. 코코넛 밀크를 데우고 카카오 파우더, 스워브 10g를 넣어 핸드믹서로 잘 섞어줍니다.
2. 어느 정도 섞이면 버터와 MCT 오일을 넣고 잘 유화시켜주세요.
3. 별도의 용기에 차가운 생크림과 스워브 5g을 넣고 휘핑해줍니다.
4. 따뜻한 코코아를 컵에 붓고 그 위에 차가운 생크림을 올립니다.
5. 여분의 코코아를 살며시 더 부어주면 생크림이 올라와 자연스럽게 흘러내립니다.
6. 카카오 파우더를 뿌리면 완성입니다.

생크림 위에 올릴 코코아를 조금 남겨주세요.

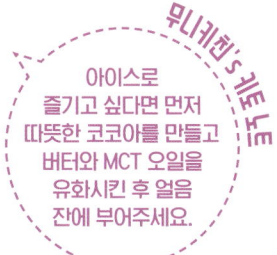

무니키친's 케토 노트
아이스로 즐기고 싶다면 먼저 따뜻한 코코아를 만들고 버터와 MCT 오일을 유화시킨 후 얼음 잔에 부어주세요.

나의 레시피 메모

1인분

꿀잠 밀크티

불면증으로 잠들기 힘들 때 제가 만들어 먹는 밀크티예요.
수면에 도움이 되고 정말 맛있어요.

재료

루이보스티 7g   우유 200ml
생강 20g   꿀 1ts(선택)
시나몬 스틱 1개
물 100ml

밑재료 준비하기!

생강은 편으로 썰어줘요.

무니케찬's 키토 노트

오래된 차는 약한 불로 살짝 볶으면 향이 되살아나고 차가 잘 우러나요.

1. 루이보스티를 볶아주세요.

무니케찬's 키토 노트

시나몬 스틱은 시나몬 파우더로 대체해도 돼요.

2. 썰어둔 생강과 시나몬 스틱을 볶은 루이보스차에 넣어주세요.

3. 물을 붓고 잘 끓여주세요.

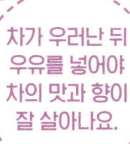

무니케찬's 키토 노트

차가 우러난 뒤 우유를 넣어야 차의 맛과 향이 잘 살아나요.

4. 차가 충분히 우러나면 우유를 넣고 끓입니다.
우유를 붓고 난 후 불은 중간 불 이하로 낮춰줘요.

5.
우유의 단백질과 지방이 굳지 않고 잘 섞일 수 있도록 끊임없이 저어줍니다.

6.
가장자리에 기포가 올라오면 불을 끄고 체에 걸러내요.

취향에 따라 생꿀 한 티스푼을 넣어줍니다.

키토식 팁!
시나몬

시나몬은
- 혈당을 안정시키고
- 지방 연소를 촉진시켜요.
- 몸을 따뜻하게 해줘요.

시나몬 향은 심신을 안정시켜 불면증에 도움이 돼요.

키토식 팁!
꿀

꿀은 수면에 도움이 되지만 혈당 수치가 불안정한 분들은 넣지 마세요.

🍽 1인분

무설탕 모히토

무더운 여름 시원하게 즐길 수 있는 무설탕, 저탄수 모히토입니다.

재료

라임 1개
민트 잎 25g
알룰로스 18ml

탄산수 300ml
얼음 적당량

필요 도구

솔
베이킹 소다

1.
민트 잎은 깨끗이 씻어 준비합니다.

2.
라임은 솔에 베이킹소다를 묻혀 닦아주세요.

뽀득뽀득한 소리가 날 때까지 닦아줍니다.

3.
라임은 장식용으로 2~3조각 정도는 얇게 썰어주고 나머지는 8등분으로 잘라주세요.

저는 밀대를 사용했어요.

4.
컵에 8등분한 라임과 민트 20g을 넣고 꾹꾹 짓눌러주세요.

5.
알룰로스를 넣고 섞어준 뒤 얼음을 적당량 넣어주세요.

무니게친's 키토 노트
모히토의 오리지널 레시피는 럼을 베이스로 알코올이 들어가지만, 키토인들의 간은 지방 대사로 바쁘니 럼을 빼고 만들었습니다.

6.
탄산수를 넣고 잘 섞어준 뒤 얇게 썬 라임과 민트 잎으로 장식하면 완성이에요.

1인분

타라토르(홈카페 요거트)

뮤니케친's 키토 노트

미카엘 셰프님 소개로 알게 된 요거트예요. 불가리아에서는 타라토르 수프로 여름철에 차갑게 즐긴다고 해요. 오리지널 레시피와는 다르게 제 방식대로 만들었어요.

오이의 상큼함과 호두의 고소함이 요거트와 잘 어울리는 음료입니다.

재료

오이 150g　올리브 오일
호두 70g
요거트 350g

필요 도구

솔(선택)
소금(선택)

1.
오이는 솔이나 소금 등으로 문질러 닦아줍니다.

2.
오이를 껍질째 한 입 크기로 작게 썰어주세요.

3.
호두도 작게 다져줍니다.

4.
컵에 호두를 깔고 그 위에 요거트를 적당량 올려주세요.

5.
요거트 위에 오이→요거트→오이와 호두를 올려 장식해요. 올리브 오일을 뿌려주면 완성입니다.

취향에 따라 작은 빵을 곁들여 먹어도 좋아요.

나의 레시피 메모

달고나라떼

1인분

SNS를 뜨겁게 달궜던 달고나라떼입니다.
설탕 대신 혈당을 올리지 않는 감미료 에리스리톨을 사용해서 다이어트 중에도 먹을 수 있어요.

재료

인스턴트 커피 2Ts
뜨거운 물 2Ts
곱게 간 에리스리톨 2Ts

유당 제거 우유 200ml
얼음 100g

필요 도구

우유 거품기(선택)
핸드믹서(선택)

1.
곱게 간 에리스리톨에 뜨거운 물을 붓고 잘 섞어 완전히 녹입니다.

2.
잘 녹여지면 인스턴트 커피를 넣고 잘 저어줍니다.

3.
거품기로 재빠르게 저어줍니다.

4.
풍성한 거품이 올라오는데 대략 8분 걸립니다.

우유 거품기를 이용하여 커피 크림을 올려도 됩니다.

5.
핸드믹서를 사용하면 금세 단단한 거품이 올라옵니다.

6.
컵에 얼음을 담고 유당제거 우유를 부은 후 풍성하게 올라온 커피크림을 담아줍니다.

잘 저어서 드세요!

나의 레시피 메모

1인분

사과 식초 음료

키토식을 하면서 깔끔하게 즐길 수 있는 다이어트 음료 3종이에요.
설탕 없이 시원 상큼한 여름 음료 즐겨보세요.

무니키친's 키토 노트

사과 식초는 위가 안 좋으신 분, 당뇨약을 드시는 분, 치아가 약하신 분들은 섭취 시 주의하세요.

재료

사과 식초 10ml
로즈마리 1줄기
얼음(취향껏)
물(취향껏)

1. 사과 식초를 컵에 부어줍니다.
2. 물을 조금 넣어서 희석시켜준 뒤 얼음을 넣어주세요.
3. 로즈마리를 넣어 향을 더해주면 완성입니다.

1~2인분

히비스커스 티

히비스커스는 비타민C와 항산화 성분이 풍부해 피부 건강에도 좋습니다.

무니키친's 키토 노트
물의 온도가 높으면 히비스커스의 영양소가 파괴돼요.

재료
히비스커스 티 5g
물 250ml
얼음(취향껏)

필요 도구
거름망

1. 히비스커스 티를 미지근한 물이나 시원한 물에 우려줍니다.
2. 티가 잘 우러나면 거름망에 걸러 히비스커스 티 원액을 만들어줍니다.
3. 취향에 따라 물로 농도를 조절해주고 얼음을 추가해 시원하게 마셔요.

🍽 2인분

청귤 워터

상큼한 맛이 살아나는 물이에요.
아주 간단한 방법으로 살 빠지는 음료가 만들어져요.

재료

건조 청귤 7~8조각
물 500ml
얼음(취향껏)

1. 건조된 청귤 조각을 7~8개 정도 컵에 담은 후 미지근한 물을 부어 우려냅니다.
2. 우려낸 물에 시원한 얼음을 넣어 마셔요.

무니키친's 키토 노트

설탕 섭취량을 줄이기 위해 청귤청을 쓰지 않습니다. 계절에 따라 따뜻하게 드셔도 좋아요.

생강차

말린 생강은 체지방 연소를 돕고 소화 흡수 능력을 강화해 다이어트에 좋아요.
설탕 없이 즐기는 생강차를 만들어봐요.

재료
생강 700g
말린 레몬 편 4개

생강차
말린 생강 10g
말린 레몬 1조각(선택)

필요 도구
오븐(선택)
건조기(선택)
에어프라이어
식품용 습기 제거제

1.
생강을 너무 얇지 않게 썰어주세요.

무니키친's 키토 노트
생강차용 말린 생강을 만들어요. 수분을 빼면 부피가 작아져요.

2.
에어프라이어에 골고루 펼친 후 90℃로 90분 동안 구워줍니다.

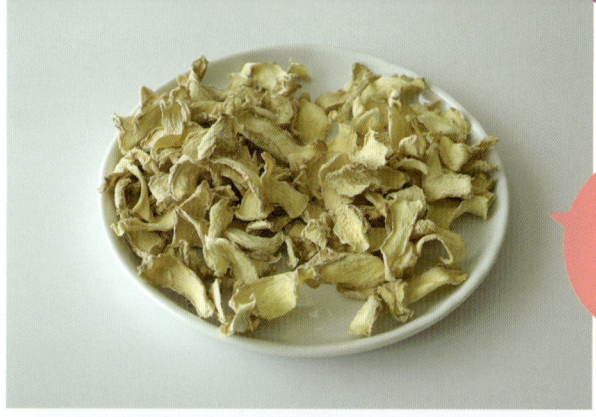

건조기를 활용하면 80℃로 4시간 말려주세요.

무니키친's 키토 노트
에어프라이어는 소량을 빠르게 건조할 때에 좋고 건조기는 많은 양을 건조할 때 좋습니다.

3-1.
한 번 더 에어프라이어에 130℃로 15분 더 구워주면 말린 생강이 만들어졌어요.

3-2.
아니면 프라이팬에 약한 불로 오래 볶은 후 식혀주셔도 됩니다.

오븐이나 토스터기로 구워서 구움색을 내주셔도 돼요.

4.
말린 생강 10g, 말린 레몬 1조각을 물병에 담고 따뜻한 물을 부으면 생강차가 완성됩니다.

5.
남은 말린 생강은 밀폐 용기에 식품용 습기 제거제를 넣고 보관합니다.

나의 레시피 메모

무니키친의 저탄고지 다이어트 레시피

초판 1쇄 발행 2020년 6월 19일
초판 5쇄 발행 2023년 5월 31일

지은이 무니키친
펴낸이 권기대
펴낸곳 베가북스
총괄이사 배혜진
편　집 임용섭, 박석현, 신기철
디자인 박숙희
마케팅 황명석, 연병선
경영지원 지현주

출판등록 2021년 6월 18일 제2021-000108호
주　소 (07261) 서울특별시 영등포구 양산로17길 12, 후민타워 6~7층
주문 및 문의 (02)322-7241 팩스 (02)322-7242

ISBN 979-11-90242-46-2 13590

※ 책값은 뒤표지에 있습니다.
※ 좋은 책을 만드는 것은 바로 독자 여러분입니다.
　베가북스는 독자 의견에 항상 귀를 기울입니다.
　베가북스의 문은 항상 열려 있습니다.
　원고 투고 또는 문의사항은 vega7241@naver.com으로
　보내주시기 바랍니다.

홈페이지　www.vegabooks.co.kr
블로그　http://blog.naver.com/vegabooks
인스타그램　@vegabooks　페이스북　@VegaBooksCo　이메일　vegabooks@naver.com

나를 위한 환상의 시나리오 7일 식단표

나도 이제부터 키토식 다이어트!

- 준비해두면 편한 밑재료까지 설계해드려요.

일주일 재료 준비해요!
1일차 꾸덕밥, 저탄수화물 고추장, 만든 양념장, 만든 토마토 소스
2일차 채소 육수(채소 육수를 만들며 남은 재료를 보관해요), 사워크림
3일차 콜리플라워 라이스, 만든 간장
4일차 무설탕 딸기잼

일주일을 시작할 때 만들어 두면 요리할 때 편해요!

	1	2	3	4	5	6	7
아침	김가리 토스트	단호박 에그슬럿	베이컨 양배추 수프	연어치 샌드위치	단백질 팬케이크	브로콜리 수프	타라토르
점심	오니기라즈	버섯 리소토	밥 3스푼 김밥	김치볶음밥	밥 없는 김밥	봉골레 파스타	비빔국수
간식	티라미수 라떼	베트남 에그 커피	에그 머핀	무설탕 딸기라떼	모카 프라푸치노	방탄코아	그래놀라
저녁	치즈닭갈비	소시지 토마토 스튜	바싹불고기	파르미자나	비프 크림 리소토	새우 감바스	삭슈카

※ 저녁은 꾸덕밥과 결들여 먹어요

가족과 함께 환상의 시나리오 7일 식단표

온 가족이 함께하는 식단이에요.

- 가족에게는 평소에 먹던 쌀밥을 권장합니다.

일주일 재료 준비해요!

1일차 콜리밥: 콜리플라워 라이스, 만능 토마토 소스, 만능 간장
2일차 채소 육수, 저탄수화물 고추장, 시골국(4일차 식사용)
4일차 무설탕 딸기잼, 사워크림
6일차 와사비 간장 소스(in 연어 포케)

일주일을 시작할 때 만들어 두면 요리할 때 편해요!

	1	2	3	4	5	6	7
아침	김가리 토스트	양송이 수프	연어차 샌드위치	단백질 팬케이크	베이컨 양배추 수프	콜리플라워 도우 루꼴라 피자	브로콜리 수프
점심	토마토 리소토 그라탕	김치볶음밥	제육강정	소시지 토마토 스튜	마파두부 덮밥	연어 포케	밀푀유나베
간식	단호박 에그슬럿	초코라떼	무설탕 모히토	에그 머핀	3가지 맛 큐브 치즈	팥빙	소시소치
저녁	초간단 굼네치킨	파르미지아나	순두부 찌개	사골국	샥슈카	마늘 삼겹살	비프 크림 리소토

※ 군것질과 쌀밥은 섞어 먹지 마시고, 군것질은 주 2번으로 대체해가도록 해요!